gärtnern
auf Balkon und Terrasse

INHALT

gärtnern
auf Balkon und Terrasse

Frühling 8
  Es geht los

Jetzt wird es Zeit, mit der Aussaat auf der Fensterbank zu beginnen, um sich schon bald mit Blumenfarben, Pflanzencharakteren und leckerem Naschobst zu umgeben. Individuelle Gestaltungsideen für Balkonkästen, vertikale Gärten sowie praktische Bodenbeläge und atmosphärisches Mobiliar begleiten Sie durch das Kapitel. Gehen Sie hinein, in eine stimmungsvolle Frühlingswelt!

Sommer 50
  Paradies zu Hause

Ab in den Süden! Körbe und Koffer mit duftenden Balkonblumen bepflanzen, Beerenobst naschen und aromatische Kräuter genießen. Kleine Problemzonen wie hitzige oder schattige Ecken wunderschön zum Blühen bringen. Die Pflanzenlieblinge effektiv düngen und wässern. Schnellen Sichtschutz mit Stoffen oder essbaren Kletterern aufziehen. Jetzt heißt es draußen sein und das grüne Wohnzimmer mit all seinen Facetten genießen.

> DARAUF KOMMT ES AN, DAMIT ES AUF BALKON & TERRASSE GELINGT

DAS IST *wirklich* WICHTIG

BILD UND BUTTON Hier finden Sie alles, was zum Gelingen in Töpf und Kübel wichtig ist.

Herbst 114
Farben ernten

Ein kurzer, aber umso schönerer Rausch von Herbstfarben lässt sich mit der Balkonbepflanzung zaubern. Bunt, elegant, natürlich! Und in der Naschecke darf noch geerntet werden. Für viele Zwiebelblumen heißt es bereits jetzt, ab in die Erde, damit sie uns im Frühling mit ihren Blüten erfreuen.

Winter 132
Gemütlich schön

Auch die kalte Jahreszeit hat ihren Reiz. Immergrüne Pflanzen und mit Raureif umspielte Gräserhalme sind nun die Stars im Kasten. Kübelpflanzen räumen wir ins Winterquartier und beobachten dann die Vögel auf unserem Balkon, wenn sie an den selbst gemachten Vogelplätzchen knabbern.

Service und Register 152

Der Autor stellt sich vor … 158

Lassen Sie sich von den vielen Möglichkeiten in diesem Buch inspirieren, wie Sie Ihr Wohnzimmer im Freien nach eigenen Wünschen gestalten und als Wohlfühloase verzaubern können.

BALKONGÄRTNERN
Gestalten, pflegen und genießen

Wer einen kleinen Balkon oder eine Terrasse besitzt, kann sich als wahrer Glückspilz fühlen. Ob für unbedarfte Einsteiger oder Fortgeschrittene mit grünem Daumen. Besonders im Frühling, wenn die ersten schüchternen Strahlen der Frühlingssonne an der Nase kitzeln, erwacht in uns der Tatendrang – und der grüne Daumen zappelt vor Neugierde. Beginnen Krokusse, Narzissen oder gar die Tulpen schon zu sprießen? Und sind die Kübelpflanzen gut durch den Winter gekommen? Wann kann der erste frische Schnittlauch geerntet werden? Als Einsteiger müssen Sie sich darüber erst im nächsten Jahr Gedanken machen. Jetzt heißt es zunächst einmal, sich einen Überblick über die Fülle der Möglichkeiten zu verschaffen. Denn mit pfiffigen und individuellen Ideen gestalten Sie Ihr ganz persönliches Balkonglück. Haben Sie auch Mut, jenseits von Primel & Co. die eine oder andere für Sie ungewohnte Pflanzidee auszuprobieren. Denn der Topfgarten lässt sich jedes Jahr neu gestalten und ist somit zum gärtnerischen Lernen und zum Sammeln von Erfahrungen bestens geeignet.

DEN BALKON GENIESSEN

Üppige und frisch-fröhliche Pflanzenarrangements im Wechsel der Jahreszeiten schaffen einen tollen Rahmen, um gut gelaunt in geselligen Runden mit Familie oder Freunden, romantisch zu zweit oder einfach nur allein mit einem guten Buch den Tag zu genießen. Was wie, wo und wann am besten wächst, finden Sie in diesem Buch. Verschaffen Sie sich einen Überblick über Töpfe, Kästen oder Ampeln mit all ihren Raffinessen und Neuentwicklungen. Sie stellen als wichtiger Partner den Aufenthaltsraum für Ihre Pflanzen bereit. Gestaltungsideen werden ausführlich erklärt, auch wie Sie Ihre Balkonschönheiten von der Pieke auf selbst heranziehen. Natürlich dürfen die kulinarischen Genüsse wie Kräuter, Balkongemüse oder -obst nicht fehlen. Denn Köstlichkeiten vom eigenen Naschbalkon versprechen Naturgenuss auf kleinstem Raum. Wer einmal früh im Jahr das erste selbst ausgesäte Radieschen geerntet hat, ist schnell mit dem Gärtnervirus infiziert und die Neugierde wächst: Wie viele Tomaten ernten wir dieses Jahr? Duften die Schokoladenblumen wirklich nach Schokolade? Welche Kletterpflanze mausert sich als Luftakrobat und sorgt für Sichtschutz? Es gibt so viel Spannendes auf Balkon und Terrasse zu entdecken. Handwerklich geschickte Balkonbesitzer kommen auch auf ihre Kosten: mobile Wassergärten, Hochbeete oder ein spezieller Balkongrill – alles zum Selberbauen. Nur Mut, auch wenn Sie erst am Beginn Ihrer Handwerker-Karriere stehen. Es ist schließlich noch kein Meister vom Himmel gefallen. Ihr Balkon bietet den kreativen Raum zur Selbstverwirklichung, besonders dann, wenn er Ihnen lediglich in Größe S zur Verfügung steht. Spezielle Lösungen für Mini-Balkone sind gefragt: vertikales Gärtnern in Taschen, Regalen oder sogar in Dachrinnen.

GÄRTNERN ALS NATURERLEBNIS

Den Balkon erleben heißt auch gärtnern. Sehen Sie dabei das Pflanzen und Pflegen Ihrer Balkonmitbewohner nicht als Arbeit an. Nutzen Sie vielmehr das Gärtnern als Naturerlebnis im Grünen. Entschleunigen Sie! Schon mal einer Biene oder Hummel beim Nektarsammeln zugeschaut? Nehmen Sie sich die Zeit! Schließlich ist es erwiesen, dass der Umgang mit Pflanzen und der Natur, die gesunde Ernährung mit frischem selbst herangezogenem Obst und Gemüse bis hin zum einfachen Betrachten von Grün zur Gesundheit und zum Wohlbefinden jedes Einzelnen beitragen. Kurzum: Wer gärtnert, ist zufriedener! Damit Ihre Pflanzen wohlgedeihen, sind sicher auch ein paar grundlegende Tipps zu Substraten und zur Düngung von Vorteil. Die wichtigsten Schädlinge und Krankheiten für Balkonpflanzen werden in diesem Buch ebenfalls beschrieben. Schließlich wollen Sie wissen, mit wem Sie es zu tun haben, wenn ungebetene Gäste Ihre Wohlfühloase betreten. Wenn Sie den hohen Gießaufwand auf Balkon und Terrasse etwas fürchten, wird Ihnen auch hier geholfen: Von individuellen Lösungen bis hin zu voll automatisierten Bewässerungssystemen ist alles möglich. Probieren Sie es aus!

FRÜHLING
Es geht los

WENN IM FRÜHJAHR DAS HELLE LICHT DIE GLÜCKSHORMONE ANKURBELT, SCHWINGT UNSERE STIMMUNG UM VON MÜDE UND LUSTLOS AUF EIN HEITERES WOHLGEFÜHL. JETZT WIRD'S ZEIT, SICH MIT CHARMANTEN LEICHTGEWICHTEN ZU UMGEBEN. HINAUS AUF BALKON ODER TERRASSE, HINEIN IN EINE STIMMUNGSVOLLE FRÜHLINGSWELT.

FRÜHLING

[a]

[b]

[d]

[c]

GRÖSSERE SAMEN MIT ZWEI FINGERN IN DER SCHALE VERTEILEN.

DAS IST *wirklich* WICHTIG

[a] **ANZUCHTGEFÄSSE** können vielfältig sein: bestens geeignet sind gereinigte Joghurt-, Margarine- oder Eisschälchen.

[b] **FEUCHTEN SIE** die Aussaaterde mit einer feinen Brause gut an.

[c] **FEINE SAMEN** werden mit leicht schüttelnden Bewegungen direkt aus dem Samen-Tütchen heraus gleichmäßig verteilt.

[d] **ZUM ÜBERSIEBEN** mit feiner Aussaaterde eignet sich beispielsweise ein bereits aussortiertes Haushaltssieb.

[e] **EINE KLARSICHTFOLIE** sorgt für die notwendige konstante Luftfeuchtigkeit bis zur Keimung und ein gutes Kleinklima.

[e]

KEIMZEIT

Aussaat auf der Fensterbank

Viele einjährige Sommerblumen lassen sich preisgünstig und leicht selber ziehen. Die Aufzucht der kleinen Sämlinge macht Spaß und bringt nach Auspflanzung im Mai Schwung auf Ihren Balkon.

DER PLATZ AUF DER FENSTERBANK

Für die Anzucht ist ein Gewächshaus besonders gut geeignet. Aber wer hat das schon? Alternativ bietet sich ein heller Platz auf der Fensterbank an. Der sollte jedoch ohne direkte Sonneneinstrahlung sein, denn durch zu viel Sonne kann die Substratoberfläche schnell austrocknen. Zu wenig Sonne führt zu Geilwuchs, wenn die Keimlinge sich zu sehr nach dem Licht strecken müssen. Warme Temperaturen um die 20 °C sind zur Keimung ideal. Wenn sich unter der Fensterbank ein Heizkörper befindet, lässt sich die erforderliche Keimtemperatur gut regulieren. Kalte Steinfensterbänke können mit einer Styropor- oder Holzplatte isoliert werden.

DIE KINDERSTUBE

Als Anzuchtgefäß eignen sich mit heißem Wasser gut gereinigte Töpfchen oder Schalen, die zur Vermeidung von Staunässe mit einem kleinen Loch im Boden versehen sind. Ausgesät wird in eine feine Anzuchterde mit einem geringen, aber ausreichend hohen Nährstoffgehalt. Nach Befüllen der Schalen die Erde mit einem Brett oder dem flachen Handrücken gut andrücken [→a] und anschließend anfeuchten [→b].

SO GELINGT DIE AUSSAAT GARANTIERT

Das Saatgut besorgen Sie sich am besten frisch im Fachhandel. So ist am ehesten eine hohe Keimfähigkeit gewährleistet. Oder Sie haben als erfahrener Balkongärtner Ihr Saatgut im letzten Jahr selbst geerntet. Achten Sie auch darauf, dass Sie eher kompakt wachsende Sorten wählen. Denn der Platz auf Balkon oder Terrasse ist oft begrenzt. Säen Sie feine Samen breitwürfig mit leicht schüttelnden Bewegungen aus der Tüte heraus [→c]. Die Samenkörner nicht zu dicht platzieren. Denn je mehr Platz die Keimlinge haben, umso kräftiger können

sie sich entwickeln. Größere Samenkörner können Sie gleichmäßig mit zwei Fingern auslegen.

Als Nächstes stellt sich die Frage: Licht- oder Dunkelkeimer? In der Regel finden Sie Angaben hierzu auf den Saatgut-Tütchen. Eine Übersicht bietet auch der Aussaatkalender auf der nachfolgenden Seite. Lichtkeimer wie Löwenmäulchen oder Basilikum werden nicht mit Erde bedeckt, sondern lediglich vorsichtig angedrückt. Sie benötigen das Tageslicht zum Keimen. Studentenblumen oder Tomaten als typische Vertreter der Dunkelkeimer mögen es dunkel. Sie sind in der Stärke der Samenkörner mit Anzuchterde zu übersieben [→d]. Eine geringere Rolle für die Anzucht von Balkonpflanzen spielen Kalt- oder Frostkeimer. Hierzu gehören vor allem alpine Stauden oder auch viele Gehölze, die allesamt eine längere Kühlphase zum Keimen benötigen.

Für das anschließende Angießen der frischen Aussaat verwenden Sie am besten eine kleine, handliche Gießkanne mit einer feinen Brause. Damit die Samen nicht ins Schwimmen geraten, empfiehlt es sich, neben dem Aussaatgefäß zu beginnen, bis das erste Geplätscher vorüber ist. Mit dem gleichmäßigen Brausestrahl gießen Sie dann in großzügigen Bahnen über das Aussaatgefäß hinweg, bis das Substrat und die Samen gleichmäßig feucht sind.

Zu guter Letzt spannen Sie eine Klarsichtfolie über die Aussaatgefäße [→e]. Nehmen Sie in den nächsten Tagen hin und wieder die Folie kurz ab, um für einen Luftaustausch zu sorgen und das Substrat gleichmäßig mit einem Sprüher feucht zu halten.

Vergessen Sie nicht, die Aussaatschale mit einem Etikett zu versehen. Schließlich wollen Sie auch später noch wissen, welche Pflanzenarten Sie wann ausgesät haben.

FRÜHLING

NACH DER AUSSAAT
Alles im Blick

Jetzt ist der Augenblick da: Die Keimlinge strecken neugierig ihre Köpfchen aus der Erde und erblicken die Welt. Sicher auch für Sie ein schönes Gefühl. Mit Licht und Wärme sorgen Sie jetzt für das passende Wohlfühlklima.

WIE SICH KEIMLINGE WOHLFÜHLEN

Die Klarsichtfolie ist nun zu entfernen. Als Geburtshelfer können Sie den schwächeren Pflänzchen eine gute Hilfestellung geben, indem Sie sie mit vorsichtigem Besprühen mit Wasser von der angehobenen Erde befreien. Schließlich ist die Erde auch ganz schön schwer. Die ersten Blätter sind die sogenannten Keimblätter.

Zudem benötigen die Keimlinge einen angenehmen „warmen Fuß", den sie dann erhalten, wenn sich unter der Fensterbank ein Heizkörper befindet. So haben es die Kleinen kuschelig warm. Mit einem Thermometer an Ort und Stelle haben Sie die Wohlfühltemperatur von etwa 20 °C stets im Blick.

Ganz wichtig: Versorgen Sie die Pflänzchen ausreichend mit Licht, aber bitte keine direkte Sonne, da sonst das Fenster wie ein Brennglas wirkt! Ist das Lichtangebot zu gering, werden die Keimlinge sehr lang und instabil. Zudem zeigen sie aufgrund von Chlorophyllmangel hellgrüne Blätter. Beachten Sie also auch den möglichen Einfluss einer Gardine.

Zusätzliche Nährstoffgaben sind noch nicht notwendig. Die Aussaaterde hält ein gewisses Kontingent an Nährstoffen bereit. Außerdem folgt auch schon bald ein Ortswechsel in frische Jungpflanzenerde.

WENN ALLE BEDINGUNGEN STIMMEN, zeigen die Kleinen jeden Tag ein bisschen mehr von ihrer Schönheit. Man kann ihnen buchstäblich beim Wachsen zuschauen.

AUSSAATKALENDER: Sommerblumen, Gemüse und Kräuter für die Voranzucht auf der Fensterbank

Deutscher Name	Botanischer Name	Aussaattermin	Lichtkeimer	Dunkelkeimer	Blütezeit/Erntezeit
Sommerblumen					
Fleißiges Lieschen	*Impatiens walleriana*	Februar bis April	×		Juni bis Oktober
Glockenrebe	*Cobaea scandens*	Februar bis April		×	Juni bis Oktober
Mittagsgold	*Gazania rigens*	Februar bis April	×		Juni bis September
Sommeraster	*Callistephus chinensis*	März		×	Juli bis November
Bechermalve	*Lavatera trimestris*	März bis April		×	Juli bis September
Elfenspiegel	*Nemesia strumosa*	März bis April	×		Juni bis Oktober
Levkoje	*Matthiola incana*	März bis April	×		Juni bis September
Löwenmäulchen	*Antirrhinum majus*	März bis April	×		Juli bis Oktober
Prunkwinde	*Ipomea tricolor*	März bis April		×	Juli bis Oktober
Sonnenhut	*Rudbeckia hirta*	März bis April		×	Juli bis Oktober
Studentenblume	*Tagetes erecta*	März bis April		×	Mai bis November
Strohblume	*Helichrysum bracteatum*	April		×	Juli bis Oktober
Zinnie	*Zinnia elegans*	April		×	Juni bis Oktober
Gemüse					
Paprika	*Capsicum annuum*	Januar bis März		×	August bis Oktober
Peperoni	*Capsicum frutescens*	Januar bis März		×	August bis Oktober
Brokkoli	*Brassica oleracea* var. *italica*	Februar bis März		×	Juli bis Oktober
Artischocke	*Cynara cardunculus* Scolymus-Gruppe	Februar bis April		×	Juli bis September
Aubergine	*Solanum melongena*	Februar bis April		×	August bis September
Gurke	*Cucumis sativus*	März bis April		×	Juli bis September
Kohlrabi	*Brassica oleracea* var. *gongylodes*	März bis April		×	Juli bis Oktober
Mangold	*Beta vulgaris* ssp. *cicla*	März bis April		×	Juli bis November
Melone	*Cucumis melo*	März bis April		×	August bis September
Rosenkohl	*Brassica oleracea* var. *gemmifera*	März bis April		×	November bis Februar
Tomate	*Lycopersicon esculentum*	März bis April		×	Juli bis Oktober
Zucchini	*Cucurbita pepo*	März bis April		×	Juli bis Oktober
Kräuter					
Basilikum	*Ocimum basilicum*	ab Februar	×		Erntebeginn ab Mai
Lavendel	*Lavandula angustifolia*	ab Februar	×		
Majoran	*Origanum majorana*	ab Februar	×		
Oregano	*Origanum vulgare*	ab Februar	×		
Petersilie	*Petroselinum crispum*	ab Februar		×	
Schnittlauch	*Allium schoenoprasum*	ab Februar		×	
Bohnenkraut	*Satureja hortensis*	ab März	×		Erntebeginn ab Juni
Kapuzinerkresse	*Tropaeolum majus*	ab März		×	
Kümmel	*Carum carvi*	ab März	×		
Liebstöckel	*Levisticum officinale*	ab März		×	Erntebeginn ab Mai
Salbei	*Salvia officinalis*	ab März	×		
Thymian	*Thymus vulgaris*	ab März	×		
Zitronenmelisse	*Melissa officinalis*	ab März	×		

FRÜHLING

GRUNDAUSRÜSTUNG
Was Balkongärtner wirklich brauchen

Was für Handwerker gilt, ist auch für uns Balkongärtner selbstverständlich: Mit guten Gartengeräten geht das Gärtnern auf Balkon und Terrasse leichter.

WERKZEUGE PFLEGEN UND SICHER AUFBEWAHREN Auch die besten Handgeräte bleiben nur dann lange schön, wenn sie auch gepflegt werden. Nach jedem Einsatz sollten Sie Reste von Erde entfernen. Gartenscheren und Messer müssen immer scharf sein. Zudem sollten sie auch öfters gewaschen oder desinfiziert werden, damit sie die Verbreitung von Krankheiten nicht fördern. Das gilt besonders dann, wenn Sie kranke Pflanzentriebe mit Pilz- oder Bakterienbefall abschneiden. Um die Werkzeuge immer beisammenzuhalten, empfiehlt es sich, sie in einem Regal oder Schuppen regengeschützt aufzubewahren. Denn etwas Ordnung spart langes Suchen und es bleibt mehr Zeit für Ihre Pflanzen.

KLEINE HANDGERÄTE ERLEICHTERN DIE ARBEIT
Wenn Sie einen kleinen Balkon besitzen, brauchen Sie in der Regel keine großen Gartengeräte wie Spaten, Grabegabel oder Sauzahn. Der Fokus liegt auf kleinen Werkzeugen, die als Verlängerung Ihrer Hände bestimmte Arbeitsschritte vereinfachen sollen.

GARTENHANDSCHUHE [1]
Viele kleine Arbeiten werden Sie sicher direkt mit den Händen durchführen, die Sie mit speziellen Gartenhandschuhen schützen können. Diese sollten unbedingt eng anliegen, damit auch feine Handgriffe machbar sind, wie beispielsweise Pflanzen ausputzen oder Blüten abschneiden. Wenn Ihre Hände schnell austrocknen, sollten Sie auch Gartenhandschuhe beim Befüllen Ihrer Blumenkästen mit Erde benutzen. Viele Balkongärtner verzichten aber bewusst auf Handschuhe, da sie die leicht feuchte Erde als direkten Kontakt mit der Natur bewusst fühlen wollen.

HANDSCHAUFEL [2]
Zum Befüllen oder Bepflanzen Ihrer Kästen und Kübel können Sie auch Handschaufeln zu Hilfe nehmen. Sie sind in verschiedenen Größen aus Stahl oder Edelstahl geschmie-

det. Ein schöner Holzgriff wirkt edel und liegt gut in der Hand. Auch beim Umtopfen können Handschaufeln nützlich sein, wenn der Wurzelballen im alten Topf am Rand gelockert werden muss.

GARTEN- ODER ROSENSCHERE [3]
Sie ist sicher das meistgenutzte Gartenwerkzeug auf Balkon und Terrasse. Ob Rückschnitt von Kübelpflanzen, Pflege von Balkonblumen oder Ernte von Naschgemüse – ohne Gartenschere geht es nicht. Wählen Sie deshalb gewissenhaft eine Gartenschere aus, von deren Qualität Sie überzeugt sind. Sie sollte gut in der Hand liegen und scharf sein, damit Triebe beim Schnitt nicht gequetscht werden. Gartenscheren sind in der Regel für Rechtshänder ausgelegt, es gibt sie aber auch für Linkshänder im Handel. An Stellen, wo Sie mit der Gartenschere nur schwer hinkommen, können Sie zum Abschneiden von verwelkten Blüten oder Trieben auch ein Messer benutzen. Als Behälter benutzen Sie einfach einen leichten Baueimer oder Kübel aus Kunststoff.

HANDHACKE [4]
Dieses Gerät wird etwas seltener gebraucht. Zum vorsichtigen Aufrauen von verkrusteten Erdoberflächen bei Kübelpflanzen ist es aber bestens geeignet.

[1]

[2]

[3]

[4]

14

DAS BRAUCHEN IHRE PFLANZEN

Töpfe, Blumenerde, Dünger, Wasser und Zuneigung, das brauchen Ihre Pflanzen. Nachfolgend die wichtigsten Grundlagen in Kürze. Weitere Informationen finden Sie in den Unterkapiteln im Buch, beachten Sie hierzu die Seitenverweise in Klammern.

TÖPFE UND KÜBEL [5]

Sie dienen auf Balkon und Terrasse als Aufbewahrungsorte für Ihre Pflanzen. So unterschiedlich ihre Materialien und Größen sind, so verschieden können auch ihre Vor- und Nachteile sein (siehe auch S. 22–23). Was aber alle Gefäße vereint, ist ein entscheidender Vorzug gegenüber Bodenbeeten: Durch ihre Beweglichkeit kann man sie an jeden Platz auf Balkon und Terrasse rücken und somit flexibel gestalten.

BLUMENERDE [6]

Hochwertige Blumenerden sind die Grundlage für ein gutes Wachstum Ihrer Pflanzen. Sie sollten strukturstabil sein und ein hohes Luft- und Wasserspeichervermögen haben. Diese Eigenschaften besitzt Torf, der oft die Grundlage für Blumenerden bildet. Wer aber aktiv auf Torf verzichten möchte, besorgt sich einfach torffreie Blumenerde. Die gibt es mittlerweile überall im Handel und funktioniert genauso gut. Spezialerden wie Aussaaterde oder Hortensiensubstrat haben ebenfalls ihre Berechtigung. Ihre Vorzüge werden bei den jeweiligen Kapiteln näher beschrieben. Grundsätzlich sind Blumenerden in drei Preiskategorien erhältlich: die Billigware vom Discounter, eine mittlere Preisklasse sowie die Premiumprodukte im Gartencenter oder in der Gärtnerei. Premiumsubstrate enthalten meist bereits Langzeitdünger oder spezielle Zusätze, die für eine noch bessere Wasserspeicherfähigkeit sorgen sollen. Bei billigen Erden ist entscheidend, wie gut Sie das Düngen im Griff haben. Hier haben Sie die Wahl: entweder zwei- bis dreimal pro Woche flüssig nachdüngen oder einmal zur Pflanzung einen Depotdünger mit in die Erde geben, der die Pflanzen über den Sommer komplett versorgt (S. 87). Das klappt bei den meisten Balkonpflanzen gut.

MINERALISCHE UND ORGANISCHE DÜNGER [7]

Nimmersatte Petunien oder Wandelröschen brauchen hin und wieder extra Futter. Die Produktauswahl ist groß, grundsätzlich unterscheiden können Sie zwischen mineralischen und organischen Düngern. Während Nährsalze in mineralischer Form sofort pflanzenverfügbar sind, müssen organische Dünger erst von Mikroorganismen aufbereitet werden. Das klappt auch im Kübel gut, wenn Sie eine Erde verwenden, die Kompost oder andere belebte Ausgangsstoffe enthält. Wenn sich einzelne Blätter aufhellen oder eingetrocknete Ränder zeigen, ist der Grund hierfür oft im Mangel oder Überschuss einzelner Nährstoffe zu finden (S. 88–89).

GIESSKANNE [8]

Neben der Nährstoffversorgung ist auch eine geregelte Wasserzufuhr ausschlaggebend für das gute Gedeihen Ihrer Pflanzen. Besorgen Sie sich am besten eine Gießkanne mit abnehmbarer Brause, die Sie auch für feine Aussaaten verwenden können. Gießkannen gibt es in verschiedenen Größen, Materialien und Farben – da ist sicher auch eine für Ihren Geschmack dabei. Der optimale Zeitpunkt zum Gießen ist morgens, wenn möglich mit Regenwasser. Damit Sie auch ohne ständige Gedanken an Ihre Pflanzenpracht mehrere Tage oder Wochen in den Urlaub gehen können, helfen Ihnen Gießsysteme mit teil- oder vollautomatischer Bewässerung (S. 84–85).

UND ZU GUTER LETZT noch zur oben im Text angesprochenen Zuneigung, die Ihre Pflanzen benötigen: Es gibt sie nirgendwo zu kaufen und doch ist sie so wichtig. Verstehen lernen, was und wie viel davon die Pflanze braucht. Das ist eine besondere, aber für jeden Balkongärtner eine erlernbare Gabe!

FRÜHLING

DAS IST *wirklich* WICHTIG

[a] **DIE SCHALEN** werden mit Erde gefüllt, die Sie anschließend mit einem Brettchen leicht andrücken.

[b] **PFLANZLÖCHER LASSEN** sich ideal mit einem Holz- oder Pikierstab vorbereiten.

[c] **DIE PFLÄNZCHEN** werden mithilfe des Holzstabes vorsichtig aus der Aussaatschale genommen.

[d] **DER SÄMLING** wird vorsichtig in sein neues Zuhause eingesetzt. Etwas Feinmotorik ist hier sicher von Vorteil.

ZU LANGE WURZELN SOLLTEN SIE VORSICHTIG EINKÜRZEN.

PIKIEREN

Von der Kinderstube ins Jugendzimmer

Die Sämlinge haben sich jetzt schon merklich weiterentwickelt. Dicht gedrängt stehen sie nebeneinander und konkurrieren um Licht, Wasser und Nährstoffe. Es wird Zeit, die jungen Pflänzchen zu vereinzeln.

PIKIEREN HEISST SÄMLINGE VEREINZELN

Verwenden Sie Töpfe, Schalen oder Kisten, je nachdem, wie viele Sämlinge Sie heranziehen möchten und wie groß diese sind. Füllen Sie die Gefäße mit frischer Jungpflanzenerde, die Sie anschließend etwas andrücken [→a]. Mit einem Holz- oder Pikierstab werden je nach gewünschter Pflanzenanzahl Löcher gebohrt [→b].
Anschließend fassen Sie den Sämling mit der einen Hand vorsichtig an. Mit der anderen Hand lockern Sie mithilfe des Pikierstabes die Erde rund um die Pflanze und heben sie so vorsichtig aus dem Saatbeet heraus [→c]. Zur besseren Verzweigung werden mit Daumen und Zeigefinger die zu langen Wurzeln abgeknipst. Jetzt wird der Sämling in das Pflanzloch des neuen Topfes gesetzt und vorsichtig mit Erde angedrückt [→d]. Dieser Vorgang verlangt etwas Fingerspitzengefühl, damit die kleinen Sämlinge nicht verletzt werden. Vorsichtiges Angießen mit einer feinen Brause nicht vergessen. Achten Sie darauf, dass die Pflanzen dabei nicht umfallen und sich in die Erde eingraben.

DIE PFLEGE IM JUGENDZIMMER

Anschließend kommen die frisch pikierten Pflanzen wieder auf die warme Fensterbank zurück. Aber bedenken Sie, dass jetzt mehr Platz benötigt wird. Auch brauchen die Pflanzen noch ausreichend Wärme, besonders zum Einwurzeln. Direkte Sonneneinstrahlung ist nach wie vor zu vermeiden.

Die Erde halten Sie ausreichend feucht und geben nach ca. zwei Wochen niedrig konzentriert einmal pro Woche einen Flüssigdünger hinzu. Die Pflanzen werden es Ihnen mit sichtbarem Wachstum danken. Wenn auch das Jugendzimmer zu klein wird, topfen Sie Ihre Pflanzen anschließend direkt in Schalen oder Blumenkästen, die Sie erst geschützt und dann Mitte Mai nach draußen stellen können.

WENN DAS WACHSTUM STOCKT

Sind die Bedingungen zur Weiterkultur weniger optimal, sieht man es den Pflanzen in der Regel an. Sie wachsen nicht weiter und lassen ihre häufig fahlgrünen Blätter hängen. Die Ursachen hierfür können vielfältig sein. Oft ist der Wurzelraum zu feucht. Ein idealer Nährboden für bodenbürtige Pilzkrankheiten, die die kleinen Pflanzen zum Umkippen bringen. Es hilft meist, die Erde noch einmal zu wechseln, indem Sie den Pikiervorgang wiederholen. Auch Pflanzenhilfsmittel, die auf organischer Basis, Algen- und Kräuterextrakten oder ätherischen Ölen basieren, können dazu beitragen, kritische Phasen der kraftlos wirkenden Sorgenkinder zu überstehen. Im gärtnerischen Einzelhandel finden Sie Produkte, deren Wirkstoffe das Wurzelwachstum anregen sollen und die Pflanzen auf diese Weise stärken.

ENTSPITZEN Bei einigen Pflanzenarten ist es sinnvoll, nach späterem deutlich eingesetztem Wachstum den Haupttrieb abzuknipsen. Das Verfahren wird Entspitzen oder „Pinzieren" genannt und dient dazu, dass die Pflanzen an den Blattachseln neu austreiben und mehr Seitentriebe bilden. So wird der Ertrag von Früchten bei Gemüse oder von Kräuterblättern gesteigert. Sommerblumen wachsen anschließend buschiger und blühen üppiger. Typische Vertreter sind Gurke, Salbei oder Elfenspiegel, die Sie in Einzeltöpfe pikiert haben. Entsprechende Hinweise finden Sie in der Regel auf den Saatgut-Tütchen.

FRÜHLING

[a]

[b]

DAS IST
wirklich
WICHTIG

[a] **WASSERSPEICHERKÄSTEN** mit doppeltem Boden werden etwa bis zur Hälfte mit Blumenerde gefüllt, ohne vorher Drainagematerial zu verwenden.

[b] **BEIM EINPFLANZEN** auf einen Gießrand von 2 bis 3 cm achten. Kleinere Pflanzen wie die Ranunkel setzen Sie in den vorderen Bereich des Balkonkastens.

[c] **DIE LÜCKEN** können Sie noch mit Moos abdecken. So erhält Ihre Bepflanzung mit wenigen Handgriffen ein naturnahes und charmantes Aussehen.

DER WURZELBALLEN BLEIBT ETWA 3 CM UNTER DEM GEFÄSSRAND.

[c]

PFLANZZEIT

Ab in den Kasten

Balkonkästen bepflanzen ist sicher kein Hexenwerk. Ein paar Arbeitsschritte sind aber doch zu beachten. So schenken Sie Ihren farbenfrohen Frühjahrsblühern Schritt für Schritt ein kuscheliges Zuhause.

BALKONKÄSTEN BEPFLANZEN – ES GEHT LOS

Bevor Sie richtig loslegen, schauen Sie sich zunächst Ihren Balkonkasten an. Dieser besitzt oftmals Wasserabzugslöcher im Boden, die Sie mit Tonscherben abdecken. Anschließend sorgen Sie mit einer Drainageschicht dafür, dass das Wasser immer gut abfließen kann und keine Staunässe entsteht. Haben Sie aber wie in unserem Fall einen Balkonkasten mit doppeltem Boden zur Verfügung, so gilt der Hohlraum als Wasserspeicher, von dem aus das Wasser über einen porösen Trennboden oder über Saugdochte vom Speicher bedarfsgerecht in die Pflanzerde befördert wird. Hier ist keine Drainageschicht notwendig. Stattdessen füllen Sie den Kasten gleich mit einer Schaufel oder Ihren Händen etwa bis zur Hälfte mit Blumenerde [→a]. Überlegen Sie sich jetzt, wie Sie Ihren Balkonkasten bepflanzen möchten. Gestaltungstipps befinden sich übrigens auf den Seiten 32 bis 37.

Nehmen Sie die Frühlingsblüher vorsichtig aus den Töpfen heraus, damit ihre Wurzeln nicht verletzt werden. Beim Einpflanzen ist es wichtig, dass die Oberkante des Wurzelballens etwa 2 bis 3 cm unter dem Gefäßrand bleibt, damit beim Gießen keine Erde aus dem Balkonkasten gespült wird [→b]. Die größeren Pflanzen kommen etwas nach hinten versetzt in den Kasten. Die Wurzelballen rundherum mit Erde auffüllen und gut andrücken. Haben alle Pflanzen ihren Platz erhalten, sind anschließend noch die Lücken mit Substrat zu füllen. Bevor Sie zum Schluss gründlich angießen, wartet auf Ihre Bepflanzung noch ein kleines Bonbon. Denn ohne Moos nix los!

Kaschieren Sie doch die freien Flächen im Balkonkasten mit etwas Moos und schon entsteht mit wenigen Handgriffen eine natürlich wirkende, flauschige Frühlingsbepflanzung [→c]. Außerdem steht schon Ostern vor der Tür – die Nester für die Ostereier sind damit sprichwörtlich schon mal im Kasten.

DÜNGE- UND PFLEGEBEDARF VON FRÜHJAHRSBLÜHERN

Frühjahrsblüher benötigen in der Regel auf Ihrem Balkon keine großen Düngergaben mehr, denn ihr Wachstum ist weitestgehend abgeschlossen. Zudem sind gute Blumenerden auch mit ausreichend Nährstoffen bevorratet, die den Pflanzen bis zu sechs Wochen zur Verfügung stehen. Anschließend kann bei Bedarf mit einem ausgeglichenen Flüssigdünger nachgedüngt werden.

Auch der Pflegebedarf von Frühjahrsblühern ist überschaubar. Knipsen oder schneiden Sie regelmäßig verwelkte Blüten und Blätter heraus. Achten Sie zudem auf eine gleichmäßige Feuchte im Substrat. Ist die Bepflanzung zu trocken, lässt an strahlungsreichen Frühlingstagen oft die Primel als Erstes ihre Blätter hängen.

VOR FROST SCHÜTZEN Bis zu den Eisheiligen Mitte Mai kann es in vielen Regionen noch Boden- und Nachtfröste geben. Wenn diese deutlich ausfallen, wird so manch empfindlicher Frühjahrsblüher sichtbar unter den tiefen Temperaturen leiden. Eine gefüllte Primel beispielsweise verträgt sortenabhängig nur selten Minusgrade. Stellen Sie deshalb Ihre Frühjahrsbepflanzung vorher an einen geschützten Ort, wenn die Wettervorhersage eine frostige Kaltfront voraussagt. Eine Abdeckung mit Vlies oder Jute sorgt für zusätzlichen Schutz.

FRÜHLING

DAS IST *wirklich* WICHTIG

[a] **HOCHWERTIGE PREMIUMERDE** ist für Ampelbepflanzungen am besten geeignet, denn die Bedingungen in luftiger Höhe sind anspruchsvoll.

[b] **SETZEN SIE DIE PFLANZEN AM RAND** etwas angeschrägt nach außen. Fünf kräftige Stiefmütterchen – hier die Sorte 'Cool Wave Yellow Red Wing' – sind für diese Ampelgröße ideal.

[c] **JETZT WERDEN DIE AUFHÄNGER BEFESTIGT.** Die Klicksysteme sind in der Regel einfach zu verstehen.

[d] **DIE AMPEL KOMMT AN IHREN PLATZ.** Mit einer Kette können Sie die gewünschte Höhe flexibel auswählen.

BLUMENAMPELN
Frühjahrsblüher erobern die Lüfte

Neuzüchtungen machen es möglich: Hängende Stiefmütterchen-Sorten zeigen sich als wahre Luftakrobaten und sind in der Lage, bislang im Frühling ungenutzte Bereiche in ein kleines Blütenmeer zu verwandeln.

STIEFMÜTTERCHEN IN LUFTIGER HÖHE

Nur wenige Frühlingsblüher eigneten sich bislang für eine Ampelbepflanzung. Neue hängende Stiefmütterchen-Sorten bieten Ihnen jetzt aber unerwartete Möglichkeiten bei der Gestaltung von Balkon und Terrasse. Mit ihrem ausgezeichnet verzweigten, hängenden Wuchscharakter und ihren zahlreichen farbintensiven Blüten sind sie in der Lage, in einer Ampel für mächtig Furore zu sorgen. Das Farbspektrum reicht von Weiß über Gelb, Orange, Rot bis Lila und Blau, viele Sorten sind auch zweifarbig. Eine hohe Wuchsleistung verspricht eine Trieblänge bis zu 40 cm. In Premium-Gärtnereien werden sogar bereits fertige Ampelkombinationen angeboten, beispielsweise aus Stiefmütterchen und dem weißen wohlriechenden Duftsteinrich. Wenn sich die eifrigen Stiefmütterchen bis in den Sommer hinein ausbreiten und durchblühen sollen, benötigen sie vier bis sechs Wochen nach der Pflanzung regelmäßig einmal pro Woche ihre flüssigen Düngergaben.

UND SO WIRD DIE AMPEL BEPFLANZT

Der Fachhandel bietet unterschiedliche Formen und Größen von Ampeln bis hin zu Hanging Baskets an. Entscheiden Sie sich für die Frühlingssaison eher für ein einfaches Gefäß von etwa 25 bis 30 cm Durchmesser. Denn zu große Ampelgefäße wirken für die zunächst zierlichen Stiefmütterchen schnell überdimensioniert.
Zunächst werden Abzugslöcher mit Tonscherben versehen, damit zu viel Wasser gut abfließen kann. Füllen Sie anschließend etwas Blähton in das Ampelgefäß als Drainage, um ein Verstopfen der Löcher zu verhindern. Es folgt die Erde: Für Ampelbepflanzungen ist Ihnen hier die Verwendung einer hochwertigen strukturstabilen Erde mit einer ausreichenden Durchlüftung und einem gleichzeitig guten Wasserhaltevermögen besonders ans Herz zu legen. Denn durch den exponierten Standort in luftiger Höhe kann die Erde schnell austrocknen. Sparen Sie also nicht an der falschen Stelle. Die Ampel befüllen Sie etwa bis zur Hälfte mit Erde [→a].
Die Pflanzen werden am Rand leicht überhängend gepflanzt, damit sie schon bald ins Schweben kommen [→b]. Eine ungerade Anzahl, je nach Ampelgröße drei oder fünf Pflanzen, wirkt ausgewogen. Anschließend müssen noch die Lücken mit Erde gefüllt werden. Dabei unbedingt auf den Gießrand von 2 bis 3 cm achten. Denn hängt die Ampel erst mal an ihrem Platz, ist es ärgerlich, wenn beim Gießen Erde mit herausgespült wird. Nach dem Angießen klicken Sie die Aufhänger an die Schale [→c]. Kontrollieren Sie noch mal, ob alle Seiten richtig eingerastet sind, nicht dass die Ampel aus luftiger Höhe abstürzt. Anschließend bringen Sie beispielsweise mithilfe einer Kette die Ampel an ihrem ausgesuchten Standort ins Schweben [→d]. Der Platz sollte windgeschützt sein und sich nicht zentral auf Kopfhöhe befinden. Denn die Blütenkugel ist zum Bestaunen da und nicht zum regelmäßigen Kopfballtraining.

EIN BESONDERER VORTEIL Stiefmütterchen und auch ihre Schwestern, die Horn-Veilchen, haben einen besonderen Vorteil: Sie können bereits Ihren Herbstbalkon mit blühenden Stiefmütterchen schmücken und sich dann aufgrund der guten Winterhärte auf den nächsten Flor im Frühling freuen. Im Winter sollten Sie aber auch ans Gießen denken, besonders an windigen und strahlungsreichen Tagen.

[1]

[2]

[3]

[4]

FRÜHLING

PRAKTISCHE GEFÄSSE
Mobile Einsatztruppe auf einen Blick

Gefäße nehmen als Halt gebende Aufbewahrungsorte der Pflanzen eine zentrale Rolle ein. Alle Gefäßtypen erfreuen uns mit gewissen Vorzügen, aber auch ihre Nachteile sollten wir kennen.

HÄNGEKORB ODER BLUMENAMPEL [1]

Wie ein Kronleuchter thronen Hängekorbe aus filigranem Stahl- und Drahtgeflecht über den Köpfen der Terrassen-Besucher. Um das Substrat im Korb zu halten, wird die Innenseite mit Moos, Kokosfasern, Vlies oder ähnlichen Materialien ausgelegt. Die klassischen Hängekörbe, wie sie aus Großbritannien bekannt sind, werden von oben und auch von den Seiten bepflanzt. Bis spätestens August sind dann herrliche, romantische Blütenkugeln zu bestaunen. Es geht aber auch einfacher, denn im Fachhandel wird eine umfangreiche Palette von geeigneten Gefäßen angeboten: von preisgünstigen Kunststoffgefäßen bis hin zu edlen Blumenampeln aus Terrakotta.

BLUMENKASTEN/-KÜBEL AUS KUNSTSTOFF [2]

Ob Sie nun dezente Pastelltöne, knalliges Rosa oder die aktuelle Modefarbe bevorzugen: Blumenkästen oder Kübel aus Kunststoff gibt es preisgünstig in allen Farben und Formaten. Zu dunkel sollten sie aber nicht sein. Denn in der Sonne aufgeheizt, könnten die Wurzeln Schaden nehmen. Kunststoff als Material hat die Vorteile, dass es witterungsbeständig, bruchsicher sowie leicht zu transportieren ist. Das geringe Gewicht ist zudem dringend erforderlich für Blumenkästen, die am Balkongeländer aufgehängt werden. Schließlich wollen Sie Ihr Geländer nicht überstrapazieren. Eine konstruktiv und farblich passende Aufhängung wird übrigens bei vielen Balkonkasten-Systemen mit angeboten. Bei Kübelbepflanzungen kann die Leichtigkeit von Kunststoff auch von Nachteil sein, denn große Solitärpflanzen in leichten Kunststoffkübeln kippen bei stärkeren Windstößen oft um.

GEWÜRZ- ODER ERDBEERTOPF [3]

Wenn Sie eine riesige Kräutervielfalt oder unzählige leckere Erdbeeren auf kleinstem Raum genießen möchten, dann ist ein Gewürz- oder Erdbeertopf mit mehreren seitlichen Pflanz-Balkönchen genau das Richtige für Sie. In Terrakotta verarbeitet, haben diese Gefäße eine enorme Ausstrahlung, dafür zahlt man aber auch einen gewissen Preis. Kunststoffgefäße dieser Bauart finden Sie preisgünstiger im Gartencenter. Das Bepflanzen der Taschen – oft wird diese Gefäßform auch Taschentopf genannt – verlangt etwas Fingerspitzengefühl. Aber wenn die Pflanzen erst mal angewachsen sind, entwickelt sich der Topf im Laufe des Sommers zu einem wahren Hingucker. Auch hängende Blühpflanzen sind möglich, sie müssen sich nur mit einem engen Platz begnügen können.

TERRAKOTTA-TOPF [4]

Kein anderes Gefäß versprüht so viel mediterranes Flair wie der Terrakotta-Topf. Stilvoll mit Kräutern bepflanzt, sind die Töpfe immer ein echter Blickfang. Durch ihr Gewicht geben sie auch größeren Pflanzen, wie beispielsweise einem zwei Meter hohen Zitrusbäumchen, eine gute Standfestigkeit. Aber Vorsicht: Terrakotta-Gefäße sind leicht zerbrechlich. Zudem atmet das Material, weshalb das Substrat zu rascherem Austrocknen neigt. Die Preisunterschiede zeigen sich in der Winterfestigkeit. Günstige Terrakotta-Töpfe sind oft maschinell gefertigt, grobporiger und selten frostfrei. Denn im Winter gefriert das Wasser in den Poren zu Eis und dehnt sich dadurch aus – der Topf zerspringt. Handgefertigte Ware nimmt weniger Wasser auf und ist somit winterfest. Kunststoffgefäße als Terrakotta-Imitat in nahezu vergleichbarer Optik erkennt man am Klopftest.

TRÖGE ODER KÖRBE AUS HOLZ [5]

Rustikal und naturbelassen schaffen Tröge oder Körbe aus Holz eine gemütvolle und entspannte Atmosphäre. Je nach Holzqualität sind sie unterschiedlich anfällig für Feuchtigkeit und Verwitterung. Vor der Bepflanzung müssen Holzgefäße deshalb mit pflanzenverträglichen Mitteln imprägniert werden. Die Innenseite der Seitenwände ist zusätzlich mit Folie auszuschlagen und mit einer großzügigen Drainage zu versehen. Bedenken Sie auch, dass Gefäße aus Holz nach dem Auffüllen mit Erde sehr schwer werden können, besonders dann, wenn sie noch Eisenverzierungen an den Seitenwänden besitzen.

PFLANZSACK [6]

Bei Pflanzsäcken handelt es sich tatsächlich um eine Art Beutel oder Sack mit runder oder viereckiger Grundform aus stabilem, aber flexiblem Kunststoffgewebe. Neudeutsch sind sie auch unter den Begriffen Plant oder Flower Bag erhältlich. Weil auch die Seitenwände bepflanzt werden können, verwandeln sich Pflanzsäcke zum Aufhängen ähnlich wie Hängekörbe zu großartigen Blütenkugeln. Das dauert allerdings seine Zeit. Pflanzsäcke zum Hinstellen ersetzen den Blumentopf. Optisch eher gewöhnungsbedürftig, erleichtern Trageschlaufen den Transport, wenn zum Beispiel große Solitärpflanzen ins Winterquartier geräumt werden müssen.

REHLING-TOPF [7]

Ovale Rehling-Töpfe, die im Handel auch öfter als „Pflanzenbrücke" zu finden sind, bestehen aus robustem Kunststoff und haben eine Ausstülpung am Boden, sodass sie direkt auf das Balkongeländer gesteckt werden können. Von dort thronen sie in modernem Design und in vielen Farben sicher in bester Lage. Im Topfboden befinden sich bereits die nötigen Wasserablauflöcher, um Staunässe vorzubeugen. Beachten Sie, dass die Breite Ihres Balkongeländers nicht stärker sein darf als die hierfür vorgesehene Ausstülpung am Rehling-Topf. Das gleiche Prinzip erhalten Sie auch in Kastenform. Im Vergleich zu herkömmlichen Blumenkästen sind diese aber meist deutlich kleiner und aufgrund der aufwendigeren Herstellung etwas teurer.

HAUSHALTSUTENSILIEN [8]

Mit einer Vielzahl von haushaltsüblichen Gefäßen lässt sich fantasievoll neuer Wohnraum für Ihre Pflanzen schaffen. Im Prinzip eignen sich alle aussortierten Utensilien im Haushalt, die mit Erde befüllbar sind. Bedenken Sie aber, je kleiner das Substratvolumen ist, umso schneller trocknen die Gefäße aus. Ob Joghurt- oder Eisbecher zur Anzucht, alte ausrangierte Töpfe, Schalen, Schuhe, Körbe, Handtaschen oder selbst Reisekoffer, sie alle können nach ihrer Karriere noch mal neu als Pflanzengefäß durchstarten. Der Fantasie sind keine Grenzen gesetzt. Wichtig ist nur, es müssen Abflusslöcher im Boden integrierbar sein.

[5]

[6]

[7]

[8]

FRÜHLING

[a]

[b]

EINE DRAINAGE BEUGT STAUNÄSSE VOR.

[c]

[d]

[e]

DAS IST *wirklich* WICHTIG

[a] **DIE TONSCHERBE** sorgt dafür, dass das Abzugsloch nicht mit Erde verstopft. So kann überschüssiges Wasser ordentlich abfließen.

[b] **DIE SCHICHT MIT BLÄHTON** sollte je nach Topfgröße etwa 5 bis 10 cm betragen.

[c] **NEHMEN SIE DIE PFLANZE** vorsichtig aus ihrem alten Gefäß heraus. Wenn möglich, sollte der wuchtige Wurzelballen anschließend vorsichtig mit der Hand etwas gelockert werden.

[d] **DIE PFLANZE IN DIE MITTE** des Topfes setzen und ringsherum mit Erde auffüllen. Achten Sie dabei auch darauf, dass sie gerade steht.

[e] **MIT EINEM GIESSRAND** von 2 bis 3 cm vermeiden Sie, dass beim Gießen Erde über den Topfrand herausgespült wird.

UMTOPFEN

Raus aus dem engen Korsett

Kübelpflanzen steht nur ein eng begrenzter Wurzelraum zur Verfügung.
Da die Pflanzen ständig neue Wurzeln bilden, ist das Substrat nach einiger Zeit
durchwurzelt und ausgelaugt. Es wird Zeit zum Umtopfen.

DER RICHTIGE ZEITPUNKT

Die beste Zeit zum Umtopfen ist im Frühjahr, wenn die Kübelpflanzen mit zunehmendem Licht wieder ins Wachstum kommen. Wenn einer der folgenden vier Punkte zutrifft, ist auch Ihre Kübelpflanze an der Reihe:

• Die Pflanze erscheint im Verhältnis zum Topf deutlich zu groß. Neben den optischen Gesichtspunkten leidet hier meist auch die Gesamtstabilität, sodass diese Pflanzen bei Windstößen schneller umfallen.

• Die Wurzeln streiten sich am Rand des Ballens um die letzten freien Plätze. Oft ist der Wurzelballen so stark durchwurzelt, dass er aus dem Topf gehoben wird oder die Wurzeln bereits aus den Löchern am Topfboden herauswachsen.

• Die Erde ist alt oder verkrustet und nimmt kaum noch Wasser auf. Mit großen Nährstoffreserven in der Erde ist hier nicht mehr zu rechnen.

• Die Pflanze ist vergossen oder überdüngt. Als „Erste-Hilfe-Maßnahme" empfiehlt sich ein Umtopfen des Patienten in neue frische Erde.

EINE STRUKTURSTABILE ERDE

Ihre Kübelpflanzen sind anspruchsvolle Balkonbewohner, besonders was die Substratauswahl betrifft. Weil sich die Pflanze nach dem Umtopfen einige Jahre im gleichen Substrat befindet, sollte die Erde eine langfristig stabile Struktur mit einer optimalen Luft- und Wasserführung aufweisen. Deswegen sind Kübelpflanzenerden auch etwas gröber in der Zusammensetzung und beinhalten oftmals strukturgebende Elemente wie beispielsweise Blähton. Eine länger anhaltende Nährstoffversorgung wird oft durch organische Bevorratungsdünger garantiert.
Für Pflanzen mit Extrawünschen hält der Handel Spezialsubstrate bereit. Bei Erden für Zitruspflanzen beispielsweise

sollte eine ausreichende Eisenversorgung gewährleistet sein, da Zitrone, Orange & Co. empfindlich auf Eisenmangel reagieren. In Spezialerden für blaue Hortensien wird zur Blaufärbung der Blüten ein Aluminiumdünger eingesetzt. Und für Rhododendren oder Kamelien ist ebenfalls eine Spezialerde zu empfehlen, denn sie bevorzugen als Moorbeetpflanzen ein saures Milieu.

UMTOPFEN – SO GEHT'S

Ein Rosmarin als Kräuterhochstämmchen gezogen, wirkt besonders edel und darf deshalb auch ein ästhetisches Pflanzgefäß erwarten. Achten Sie darauf, dass mindestens ein Abzugsloch vorhanden ist, auf das Sie eine Tonscherbe legen [→a]. Anschließend kommt etwas Blähton als Drainage in den Topf, so vermeiden Sie Staunässe [→b]. Jetzt wird die neue Erde aufgefüllt. Denken Sie daran, dass die Oberkante des Wurzelballens etwa 2 bis 3 cm unter dem Gefäßrand bleibt. Nehmen Sie vorsichtig Ihre Kübelpflanze aus dem alten Topf heraus [→c]. Sie lässt sich leichter aus dem Topf nehmen, wenn sie vorher noch mal kräftig gegossen wurde. Wenn's dennoch etwas klemmt, klopfen Sie kräftig gegen den Topf, um den Ballen von der Gefäßwand zu lösen. Jetzt lockern Sie die Wurzelballen und kürzen alte, beschädigte Wurzeln ein. Die Pflanze wird anschließend in die Mitte des neuen Topfes gesetzt. Ringsherum Erde auffüllen, gut andrücken und den Gießrand nicht vergessen [→d]. Nach dem Umtopfen gießen Sie die Pflanze ausreichend an [→e]. Die nächste Wassergabe erfolgt erst wieder, wenn die Erde sichtbar abgetrocknet ist, denn die Wurzeln wachsen schneller, wenn sie sich auf Wasser- und Nahrungssuche begeben müssen.

FRÜHLING

WILLKOMMEN IM FRÜHLING
Gesund und kräftig ins neue Jahr

Nicht nur Sie, sondern auch Ihre überwinterten Balkon- und Kübelpflanzen freuen sich über die ersten wärmenden Sonnenstrahlen. Raus aus den Winterquartieren, rein ins Leben zurück auf Balkon oder Terrasse.

Besonders für immergrüne Pflanzen, die auch im Winter ihr Laub behalten, sind die lichtarmen Wintermonate in Keller, Garage oder Treppenhaus mit Stress verbunden. Auf das wenige Licht reagieren sie mit langen vergeilten Trieben. Ihre weichen Blätter werden oft von Schädlingen und Blattpilzen befallen. Und auch die unregelmäßigen Gießvorgänge – wenn man gerade mal wieder an den Überwinterungsgast im hinteren Garageneck denkt – sind alles andere als gesundheitsfördernd. Jetzt ist also erst einmal „Kümmern und Aufpäppeln" angesagt, bevor sich Ihre Kübelpflanzen wieder in ihrer vollen Schönheit präsentieren können.

DIE RICHTIGE AKKLIMATISIERUNG
Wenn die Winterfröste vorbei sind, kommen die Kübelpflanzen nach draußen. Obwohl der Volksmund die Eisheiligen Mitte Mai als Termin vorgibt, warten Sie lieber nicht so lange. Ihre Pflanzen sehnen sich nach Helligkeit, genauso wie Sie. Sollten sich leichte Nacht- und Bodenfröste ankündigen, hilft es oft schon, eine Decke oder ein Vlies als Schutz über die Pflanze zu legen. Wählen Sie eher eine trübe, aber regenfreie Wetterperiode, denn zu viel Sonne und Wärme in den ersten Tagen führt zu Stress in Form von Verbrennungen zarter Blätter des Neuaustriebs oder Abwerfen angelegter Knospen. Das richtige Timing ist also wichtig, dann funktioniert auch

die Akklimatisierung Ihrer Pflanzen in der wiedergewonnenen Freiheit.

EINMAL PFLEGESCHNITT, BITTE!
Viele mediterrane Kübelpflanzen, wie zum Beispiel das Rosmarin-Hochstämmchen, kommen mit langen Trieben aus dem Winterquartier. Diese können Sie jetzt mit der Gartenschere abschneiden. Ihre Pflanzen werden dadurch zum Neuaustrieb angeregt und wachsen kompakt weiter. Bei Pflanzen, die dazu neigen, von innen her zu verkahlen, schneiden Sie jedes Jahr einige wenige Zweige auf etwa 10 cm zurück. So erneuert sich die Pflanze von unten her und blüht trotzdem weiter. Der Oleander ist hier ein Paradebeispiel, bei dem dieser Trick recht gut funktioniert.

KONTROLLE AUF SCHÄDLINGE UND PILZBEFALL
Gerade in den Winterquartieren bei trockener Heizungsluft haben es Schädlinge wie Spinnmilben oder Thripse leicht, sich ungestört zu vermehren und die Pflanzen komplett zu besiedeln. Kontrollieren Sie deshalb unbedingt auch im Winter Ihre Pflanzen, beispielsweise bei regelmäßigen Gießvorgängen. Mit wem Sie es dabei alles zu tun haben könnten und wie Sie gegen die Plagegeister vorgehen, lesen Sie auf den Seiten 90 bis 95.

Jetzt beim Ausräumen ist ein intensiveres Hinschauen das A und O. Früh entdeckt, geht es den ungebetenen Gästen dann an den Kragen. Oft hilft ein Rückschnitt befallener Blätter und Triebe, wenn Sie zum Beispiel Echten oder Falschen Mehltau entdecken. Schließlich haben Sie vermutlich sowieso gerade die Gartenschere in der Hand.

REGELMÄSSIG GIESSEN UND DÜNGEN
Mehr Licht bedeutet mehr Wachstum. Somit benötigen Ihre Pflanzen jetzt auch wieder mehr Wasser und Nährstoffe. Geben Sie dem Gießwasser einmal pro Woche einen handelsüblichen Flüssigdünger hinzu, dann kommen Ihre Pflanzen wieder richtig auf Touren. Wenn die jüngsten Blätter Eisenmangel zeigen (S. 88–89), hilft ein spezieller Eisendünger. Besonders Zitrusgewächse neigen im Winterquartier zu derartigen Blattaufhellungen.

NICHT VOREILIG WEGWERFEN! Oft sehen im Winterquartier meist laubabwerfende Kübelpflanzen an den obersten Triebspitzen völlig abgestorben aus. Knicken Sie weiter unten ein paar Zweige ab. Sind sie dort unter der Rinde noch grün, hat die Pflanze überlebt und wird wieder austreiben. Haben Sie also etwas Geduld, bis der erste Neuaustrieb sich zeigt.

Leicht vertrocknete Triebe oder Blätter, wie sie nach der Überwinterung oft beim Lorbeerbaum zu beobachten sind, sollten entfernt werden.

FRÜHLING

DAS IST
wirklich
WICHTIG

[a] VERMESSEN SIE mithilfe des Zollstocks für jedes Dachrinnenstück den gewünschten Abstand der Löcher und damit der Drahtseilaufhängung. Hier liegen die Löcher jeweils 15 cm vom Rand entfernt.

[b] ANSCHLIESSEND werden – unter Aufsicht des örtlichen Fachpersonals – die Löcher gebohrt.

[c] HÄNGEN SIE die Konstruktion an einen hellen, aber regengeschützten Platz.

[d] FÜR DIE SALATPFLANZEN findet sich ein guter Platz in der mittleren Etage.

[e] VIELE VITAMINE AUS DER RINNE Auch Erdbeeren und Kräuter fühlen sich in der Rinne wohl.

[f] VIER WOCHEN SPÄTER ist es soweit: Den grünen oder roten Pflücksalat ernten? Am besten beide, denn das bringt Farbe in die Salatschüssel!

HOCH-GENUSS

Etagenwohnung für Salate, Beeren & Kräuter

Kleine Balkone verlangen nach platzsparenden Lösungen. Mit einer Dachrinne voller Vitamine gestalten Sie auf engstem Raum ein kleines Nutzgärtchen, in dem Salate, Kräuter und Erdbeeren Platz finden.

Der Platz auf Balkon und Terrasse ist oftmals nur begrenzt. Nicht selten haben wir es mit Mini-Balkonen von maximal 8 m² zu tun. Oft stellen uns auch Balkone mit einem langen, schmalen Zuschnitt vor eine besondere Herausforderung. Da ist Ideenreichtum gefragt! Schauen Sie sich auch im Gartencenter nach platzsparenden Systemen um, mit denen Sie die wenigen Quadratmeter optimal nutzen können. Jetzt aber sind Sie zunächst als Handwerker gefragt. Schon mal auf die Idee gekommen, Leckereien wie Salate, Kräuter oder Erdbeeren in Dachrinnen anzubauen? Nur Mut, auch wenn Sie erst am Beginn Ihrer Handwerker-Karriere stehen sollten.

DACHRINNEN VOLLER VITAMINE

Das Prinzip ist einfach: mehrere Dachrinnen an einem Drahtseil übereinanderhängend befestigen und sie in Etagen mit Gemüse, Kräutern oder Erdbeeren bepflanzen – fertig. Und so funktioniert's: Zunächst müssen Sie sich entscheiden, welchen Platz Sie auf dem Balkon nutzen wollen und wie viele Etagen sich hier anbieten. Optimal ist ein vor Regen geschützter, heller Platz unter dem Dach ohne allzu starke direkte Sonneneinstrahlung. Die Dachrinnenstücke in gewünschter Länge sowie auch alle weiteren benötigten Utensilien bekommen Sie im Baumarkt. Sie starten damit, die Punkte für die Löcher zu vermessen [→a]. Die Entfernung der Löcher zueinander ist dabei abhängig vom gewünschten Abstand der Drahtseilaufhängung. Es darf gebohrt werden [→b]. Jetzt stecken Sie das eine Drahtseil durch die Löcher der Dachrinnen auf der linken Seite, anschließend ist die rechte Seite an der Reihe. Befestigen Sie die Fixierschrauben unter der Dachrinne und geben Sie damit den Abstand zwischen den Dachrinnen vor. Auf den Millimeter kommt es hier noch nicht an. Wenn Sie die Konstruktion an ihrem Platz aufgehängt haben [→c], kann anschließend noch gut nachjustiert werden. Falls die Rinnen etwas nach vorne oder hinten kippeln sollten, können Sie mithilfe von selbst gesägten Kanthölzchen die Rinnen in die Waage bringen. Anschließend füllen Sie gut wasserspeichernde Erde in die Dachrinnen bis etwa 2 cm unter die Oberkante.

JETZT WIRD BEPFLANZT

Grundsätzlich sollten Sie für dieses Rinnensystem flach wurzelnde Arten auswählen, denn der Wurzelraum ist begrenzt. Stellen Sie Ihren Pflanzen deshalb auch links und rechts ausreichend Platz zur Verfügung, damit sich die Wurzeln noch zur Seite hin ausbreiten können, um ausreichend Wasser und Nährstoffe zu beziehen. In die oberste Etage können Sie hängende Kräuter wie Rosmarin oder Thymian pflanzen. Ins mittlere Stockwerk siedeln Sie die Räume für die Salate an, die Ihre größte Aufmerksamkeit benötigen [→d]. So haben Sie die Salatpflanzen am besten im Blick, vor allem auch, was ihren Wasserbedarf betrifft. Einem der größten Feinde junger Salatpflänzchen haben Sie bereits den Zugang verwehrt. Denn Schnecken sind zwar erfinderisch und listig, aber fliegen können sie nicht. Für die untere Etage wählen Sie Erdbeeren und weitere Kräuter wie beispielsweise Oregano [→e]. Für die Erdbeeren bieten sich mehrmals tragende und rankenbildende Sorten an. So ernten Sie den ganzen Sommer lang leckere Früchtchen aus der Dachrinne. Zu guter Letzt wird vorsichtig angegossen. Die Wassergaben müssen bedarfsgerecht und sorgfältig erfolgen, da überschüssiges Wasser nicht abfließen kann. Denn auf Abflusslöcher wurde bewusst verzichtet, um die Pflanzen in der nächstunteren Etage nicht zu beschmutzen. Etwa vier Wochen später darf geerntet werden [→f].

FRÜHLING

VERTIKALE GÄRTEN
Wenn Ihre Kreativität in die Höhe schießt

Salate aus der Dachrinne, Schnittlauch im Pflanzregal oder schwebende Stiefmütterchen in Ampeln: Kleine Balkone verlangen nach individuellen und flexiblen Lösungen. Fantasievoll geht's einige Etagen in die Höhe!

TRAUMBALKON IN GRÖSSE „S"

In den letzten Jahren sind viele platzsparende Systeme entwickelt worden, mit deren Hilfe Sie Ihre Pflanzen auf Balkon und Terrasse an Wänden, Säulen, Lampen, Pergolen oder Zäunen platzieren können. Neben diversen Aufhängungssystemen für die Wand bieten sich auch sogenannte Halbschalen an, die Sie in verschiedenen Höhen miteinander in Szene setzen können. Für die Eckbereiche eignen sich Kletterspaliere, mit deren Hilfe Glockenblumen oder Trichterwinden in den Himmel wachsen und nebenbei für Sichtschutz sorgen. Die Spaliere können auch gut genutzt werden, um Ampeln oder Hanging Baskets aufzuhängen. Oder schauen Sie sich nach Pflanzentreppen oder -etageren um, mit denen Sie wenige, sonst kaum genutzte Quadratmeter in ein wahres Farbenmeer verwandeln. Viele Töpfe auf wenig Raum bieten zu jeder Jahreszeit verschiedenste Optionen für Ihre Lieblingspflanzen. Und selbst in der Saison lassen sich die einzelnen Töpfe bei Bedarf immer wieder neu kombinieren. Abwechslung ist also garantiert!
Als innovative Neuigkeit gelten Pflanzsäcke, die auch unter den Begriffen Plant Bag, Flower Bag oder Pflanzbeutel geführt werden. Sie bestehen aus einem robusten und wasserdichten Kunststoffgewebe. Pflanzsäcke verwandeln sich im Laufe des Sommers in großartige Blütenkugeln, weil auch die Seitenwände durch vorgeschnittene Kreuzlöcher bepflanzt werden können.

KLEINE MOBILE GEMÜSEINSELN

Für die Anzucht von Gemüse oder Kräutern auf kleinem Raum können Sie größere Kübel verwenden, die Sie auf ausrangierte Stühle oder Tische stellen. Balkontomaten oder Paprika wachsen prima in Einzeltöpfen. Auch kleine, schmale Hochbeete sind vor allem für Terrassen gut geeignet, denn sie bieten eine Fülle von Vorteilen: Eine bequeme und rückenschonende Arbeitshöhe ist offensichtlich, frei nach dem Motto „Leichtes Pflücken statt schweres Bücken". Hinzu kommt ein kleines Geheimnis, das im Inneren des Hochbeetes verborgen liegt. Durch eine Aufschichtung von gröberen Hölzern, Rasensoden, Laub oder Stroh (erste Schicht) mit einer anschließenden zweiten Schicht aus halb verrottetem Kompost und einer nachfolgenden dritten Schicht aus reifem Kompost vermischt mit guter Garten- oder Pflanzerde entsteht ein Verrottungsprozess. Es werden Nährstoffe und Wärme frei, wodurch wärmebedürftige Gemüsepflanzen wie Aubergine oder Paprika ordentlich „Dampf von unten" erhalten. Bedenken Sie bei der Pflanzenauswahl, dass Sie Gemüsesorten mit einer erreichbaren Endhöhe anbauen. Stangenbohnen im Hochbeet auszusäen macht sicher wenig Sinn.

Hochbeete erhalten Sie je nach Platz in verschiedenen Größen und Materialien als Fertigbausatz im Gartencenter oder Baumarkt. Geschickte Handwerker können sich Hochbeete auch leicht selbst zimmern.

KRÄUTER IN REGALEN ODER TONTOPF-SÄULEN

Kräuterliebhaber finden für ihre gesammelten Raritäten jede Menge Platz in Regalen oder aufgestapelten Töpfen. Mit neuem Anstrich aufgepeppt, lassen sich in ausrangierten Regalsystemen viele Kräutertöpfe in Etagen aufstellen. Höhenunterschiede in den einzelnen Stockwerken sind dabei willkommen, um die einzelnen Arten je nach Höhenanspruch einzuquartieren. Aufgestapelte Topfsysteme für Kräuter oder Erdbeeren finden Sie im Handel. Sie können sich aber auch eine Tontopf-Säule leicht selbst gestalten. Ein größerer, mit Erde gefüllter Tontopf steht auf dem Boden und dient als Fundament für eine etwa 50 cm lange Eisenstange. Auf diese Stange werden fünf bis sieben Tontöpfe durch die Abzugslöcher eingefädelt und dabei abwechselnd mit der Öffnung nach links und rechts aufeinandergestapelt. Jetzt füllen Sie die Töpfe mit Erde und gestalten anschließend die Tontopf-Säule individuell nach Ihrem Kräutergeschmack. Fertig! Ob Regal oder Säule, wählen Sie für Ihre Kräutersammlungen einen sonnigen, geschützten Standort.

FRÜHLING

[a]

[b]

[c]

DAS IST *wirklich* WICHTIG

[a] FARBENFROHES FRÜHLINGSFEST Gelbe, blaue und rote Blüten bilden hier einen schönen Farbkontrast und versprechen einen temperamentvollen Frühling.

[b] DAS KÖNIGSPAAR Fast majestätisch kommt diese Bepflanzung mit Silberkörbchen, Steinsame und Schleifenblume daher. Weiße Blüten in Verbindung mit silbernen und hellblauen Tönen versprühen eine hochwertige Eleganz.

[c] GELUNGENE EINHEIT Eine harmonische Verbindung erhalten Sie, wenn die Farbe des Pflanzgefäßes sich in den Blüten der Bepflanzung wiederfindet. Hier zeigt sich die rosafarbene Ranunkel als besonderer Eyecatcher.

BLUMENFARBEN
für den Frühling

Besonders nach trüben Wintertagen sehnen wir uns nach stimmungsvollen Farben. Holen Sie sich einen lebhaften Frühlingsstart auf Balkon und Terrasse, indem Sie Ihre Kästen und Töpfe mit farbenfrohen Blüten schmücken.

Die Farbpalette scheint nahezu unerschöpflich: von knallig Rosa über leuchtendes Gelb bis hin zu edlem Weiß. Sie bekommen jeden Farbton, den Sie sich wünschen. Die Pflanzenauswahl ist auch bereits im Frühling riesig und besteht mittlerweile nicht mehr nur aus den bekannten Primeln, Stiefmütterchen & Co. Innerhalb einer Pflanzkombination geht von jedem Farbton eine ganz besondere Wirkung aus.

MIT FARBEN GESTALTEN
Farben nehmen Einfluss auf unser Empfinden und lassen unterschiedlichste Wirkungen entstehen. So bringen dunkle Farben optische Tiefe, während helle Farben sich strahlend und belebend zeigen. Dabei leuchten helle Farben besonders intensiv, wenn sie mit dunklen Farbtönen oder aber mit grünen Blattschmuckpflanzen kombiniert werden. Zu viele intensiv leuchtende Farben nebeneinander konkurrieren sich gegenseitig und wirken auf das menschliche Auge unruhig. Ebenfalls zu berücksichtigen ist der Hintergrund: Vor hellen Hauswänden sollten kräftige Farben verwendet werden, bei dunklen Wänden sind hellere Töne zu bevorzugen.

SONNIGE, FARBENFROHE AUSBLICKE [→a]
Noch sind viele Tage kühl, aber die Narzissen drehen mit frühlingshafter Leichtigkeit ihren Kopf schon der Sonne entgegen. Gelbe oder auch orange Blüten wirken sonnig, belebend und optimistisch. Leuchtend gelb sorgen Horn-Veilchen mit ihren süßen Gesichtern für gute Laune. Die blaue Primel verbreitet eine frische Brise und lässt ihre sonnigen Pflanzennachbarn wie den Kalmus noch heller strahlen. Die rotfarbene Primel im Hintergrund sitzt ganz versteckt, wirkt aber dennoch belebend kraftvoll und bringt Spannung in die Farbkombination.

RUHIG UND ELEGANT [→b]
Weiße Blüten in Verbindung mit silbernen und hellblauen Tönen wirken ruhig, rein und erhaben. Elegant thronen hinten ganz versteckt weiße Ranunkeln und das Silberkörbchen, eingerahmt vom weißen Moossteinbrech und Stiefmütterchen sowie der hellblauen Steinsame. Im Gefäß vorne bilden Silberkörbchen und Steinsame mit einer weißen Schleifenblume eine hochwertige, harmonische Einheit.

FARBAKZENTE GEZIELT EINSETZEN [→c]
Wenn Rosa als Lieblingsfarbe auf dem Balkon nicht fehlen darf, setzen beispielsweise rosafarbene Ranunkeln Akzente. Auch wenn die größte Blüte schon weit offen sein mag, schieben ständig junge Knospen nach, die wieder aufs Neue verzücken. Gelbe Stiefmütterchen und der Gämswurz entfalten ihre volle Leuchtkraft, der gelbe Kalmus wirkt verbindend wie ein schützendes Sonnensegel.

FARBIGE PFLANZGEFÄSSE wie Blumenkästen oder Töpfe sind ein Blickfang auf jedem Balkon und liegen zudem voll im Trend. Eine besonders gute Wirkung erhalten Sie, wenn die Farbe des Pflanzgefäßes mit der Bepflanzung abgestimmt wird und beide Elemente eine gelungene Einheit bilden.

FRÜHLING

WIR PASSEN ZUSAMMEN
Farben bewusst und geschmackvoll kombinieren

Sind Sie harmoniebedürftig oder lieben Sie es eher kontrastreich?
Oft spiegeln sich bei der Farbauswahl die momentane Stimmung oder
sogar Charakterzüge wider.

WIE BLÜTENFARBEN HARMONIEREN

Wenn Sie ein paar grundlegende Tipps bei der farblichen Gestaltung beachten, gelingen Ihnen ganz gewiss geschmackvolle Arrangements zu jeder Jahreszeit. Grundlage für eine gelungene Kombination der Blütenfarben ist der Komplementärfarbkreis aus der Farbenlehre. Floristen und Profi-Gärtner machen sich ihn bei der täglichen Arbeit zunutze. Finden auch Sie Ihre schönsten Farbzusammenstellungen mithilfe des Farbkreises.

Sie können Ihr Pflanzgefäß einfarbig mit Ihrer Lieblingsfarbe gestalten. Gerade bei Ampeln bietet es sich an, im Frühling beispielsweise drei bis fünf gleichfarbige hängende Horn-Veilchen zu pflanzen. Im Sommer wirkt die gleichfarbige Blütenpracht von Petunien oder Zauberglöckchen faszinierend, besonders dann, wenn die Farbe in den einzelnen Blüten in leicht unterschiedlichen Tönen spielt. Im Gartencenter finden Sie eine Vielzahl dieser Sorten, suchen Sie sich einfach Ihren Favoriten aus. Eine gute Fernwirkung entsteht übrigens, wenn Sie eine kräftige Farbe auswählen. Dezent wirken Gruppierungen mit Farbverlauf, wenn Sie zwei oder drei Nuancen einer Farbgruppe miteinander kombinieren. Derartige Ton-in-Ton-Pflanzungen wirken harmonisch im Gleichklang miteinander, irgendwie zurückhaltend und geradezu besänftigend. Denn gerade im gestressten Alltag wünschen wir uns oft ein bisschen

Entschleunigung. Nachbarfarben innerhalb des Farbkreises sind zum Beispiel Gelb, Goldgelb und Orange. Stellen Sie sich für den Frühling hier eine Kombination aus Ranunkeln, Horn-Veilchen und Narzissen vor. Im Sommerkasten für schattige Lagen sitzen Knollen-Begonie, Fuchsie und das Fleißige Lieschen Ton in Ton in einem roten Farbverlauf angenehm aufeinander abgestimmt.

WIE SPANNUNG ENTSTEHT

Der größtmögliche und spannungsreichste Kontrast entsteht unter Verwendung von zwei Komplementärfarben, die sich im Farbkreis gegenüberliegen. Derartig lebhafte Farbkontraste erzeugen einen Zweiklang, wie zum Beispiel Gelb und Dunkelblau, die sich im Frühling bei Ranunkeln und Vergissmeinnicht wiederfinden. Spannungsreich geht es mit den gleichen Farben im Sommer zu, wenn hängende dunkelblaue Fächerblumen mit gelben Zauberglöckchen um die Wette blühen.

Wer drei Farben miteinander kombinieren möchte, denkt sich in den Farbkreis ein gleichseitiges Dreieck. Die Spitzen bezeichnen die Farben, die zusammen eine besonders temperamentvolle Wirkung ergeben. Ein solcher Dreiklang versprüht wahre Lebenskraft und bringt Abwechslung. Es empfiehlt sich, in Form und Farbe dominierende Pflanzen symmetrisch anzuordnen. Diese Symmetrie wird durch die Begleit-

pflanzen wieder unterbrochen. Spannung entsteht. Die schönsten Farbkontraste entstehen, wenn Sie Rot, Gelb und Blau miteinander kombinieren. Eine knallig rote Ranunkel, eine gelb gefüllte Primel zusammen mit einem blauen Stiefmütterchen versprechen einen temperamentvollen Frühling. Spannungsreich liefern sich im Sommerkasten orangefarbene Knollen-Begonien mit einer blauen Vanilleblume und einer gelb-rot panaschierten Buntnessel einen lebhaften Farbkontrast.

KRÄUTER BESÄNFTIGEN Als beruhigende Begleitpflanzen für kontrastreiche Kombinationen eignen sich neben Blattschmuckpflanzen auch viele Kräuterarten, wie beispielsweise Thymian, Majoran oder Salbei. Haben Sie also keine Angst davor, an sonnigen Plätzen blühende Schönheiten und wohltuende Kräuter zusammenzupflanzen. Mit ihrem sanften Grün wirken Kräuter dezent und beruhigen das Farbspektakel. Zudem versprühen sie einen angenehmen Duft. Auf das Ernten der Kräuter müssen Sie auch nicht verzichten. Zupfen Sie die Blätter aber nur maßvoll ab, damit die Kräuterpflanzen nicht von ihren blühenden Kollegen verdrängt werden.

FRÜHLING

LEITPFLANZEN KOMMEN HIER NACH HINTEN INS GEFÄSS.

[a]

[b]

[c]

DAS IST *wirklich* WICHTIG

[a] DER UNEINGESCHRÄNKTE STAR ist hier bereits gekürt: Die Akelei thront über Schlüsselblume, Horn-Veilchen und dem frei hängenden Goldlack.

[b] DIE HÖHENSTAFFELUNG ist gut umgesetzt, auch wenn diese Akelei mit ihren dünnen Trieben recht zierlich wirkt.

[c] IN BREITEN GEFÄSSEN die Großen nach hinten und die Kleinen nach vorne, wie beim Klassenfoto.

PFLANZEN-CHARAKTERE

Gestalten mit Blatt-, Blüten- und Wuchsformen

Für eine gelungene Pflanzkombination sind neben Farbaspekten auch Wuchs-, Blatt- und Blütenformen zu beachten. Ebenso trägt die Anordnung der Pflanzen zur Gesamtgestaltung bei.

Jegliche gestalterischen Aspekte zur Pflanzenauswahl gelten nicht nur für die Frühlingsbepflanzung, sondern natürlich auch für Ihre Sommer- und Herbstarrangements. Wenn Sie ein paar einfache Dinge beachten, wirkt Ihre Bepflanzung gekonnt und durchdacht. Das größte Potenzial Ihrer Pflanzen schöpfen Sie dann aus, wenn Sie deren Charakter kennen.

WUCHSFORMEN GEBEN CHARAKTER

Jede Pflanzenart hat durch ihren Wuchscharakter eine individuelle Ausstrahlung. So wirken aufrecht wachsende Pflanzen häufig edel, kostbar und dominant. Kommen exotisch wirkende Blütenformen hinzu, ist der uneingeschränkte Star bereits gekürt. Filigran kommen beispielsweise hochwachsende Akeleien mit ihren raffinierten Blütenformen daher [→a]. Sie werden zu Recht als Leitpflanzen bezeichnet. Auch im Tuff gesetzte Zwiebelblumen wie Narzissen oder Tulpen wirken dominant. Ganz anders hingegen zeigen sich flach ausbreitend wachsende Pflanzen. Unscheinbar und niedlich füllen Horn-Veilchen dank ihres buschigen Wuchses zuverlässig die Lücken in der Bepflanzung. Ihre zahlreichen kleinen Blüten versprechen ein farbenfrohes Frühlingsfest über viele Wochen. Ordentlich Schwung in die Bepflanzung bekommen Sie mit einem überhängenden Goldlack.

HÖHENSTAFFELUNG IN GEFÄSSEN

In runden kübelartigen Gefäßen sind die Leitpflanzen in der Mitte zu platzieren. So thronen sie von jedem Blickfeld aus über ihr treues Gefolge. Die Hänge- und Begleitpflanzen können Sie ringsherum um die Leitpflanzen setzen. Dabei immer die Höhenstaffelung im Auge behalten: vom Mittelpunkt zum Gefäßrand abfallend [→b].
In breiten kastenförmigen Gefäßen kann zweireihig versetzt gepflanzt werden. Hohe Leitpflanzen wie Märzenbecher, Narzisse oder Schlüsselblume werden vom Betrachter aus nach hinten gepflanzt. Möglichst abwechselnd zu ihnen ordnen sich niedrige oder polsterbildende Pflanzen an, um den begrenzten Raum optimal zu nutzen. Sie beherrschen den Vordergrund und die Ecken [→c].

EINFACH MAL HÄNGEN LASSEN

Hängende Pflanzen zeigen ihre größte Wirkung, wenn sie auch wirklich nach unten hin Platz haben zum Abhängen. So können sich ihre lang wachsenden Triebe frei entfalten und jeglichen zur Verfügung stehenden Raum einnehmen. Während das Angebot hängender Pflanzen im Frühling begrenzt ist, steht für den Sommerflor eine große Auswahl rankender Sommerblüher zur Verfügung.

ECHT DUFTE, DER FRÜHLING Wenn Sie im Frühling lang ersehnt die Verkaufsgewächshäuser der Gärtnereien betreten und sich die vielen bunten Blüten Ihnen entgegenstrecken, wird Ihnen sicher auch eine frühlingshafte Duftwolke in der Nase kitzeln. So frisch und stimulierend riecht nur der Frühling! Holen Sie sich mit wohlriechenden Hyazinthen, Duftveilchen, Primeln oder Goldlack die Frühlingsdüfte auf Ihren Balkon. An einem windgeschützten Platz entfalten sie ihren höchsten Duftgenuss, da die Düfte bei Wind nicht einfach weggeweht werden.

FRÜHLING

FRÜHLINGSFLIRT
mit bunten Blüten

Der Frühling lädt ein zum frischen Farbenflirt. Klassiker wie Kissen-Primel und Ranunkel überzeugen mit bunten auffallenden Blütenformen.

RANUNKEL [1]
Ranunculus asiaticus
Wuchs: Aufrecht bis kompakt buschig, 20 bis 30 cm hoch, mehrjährig
Blüte: Große kugelige Einzelblüten, leuchtend in Gelb, Orange, Rot, Pink oder Weiß
Blütezeit: März bis Juni
Standort: Sonnig, in Blumenkästen, Schalen und Kübeln
Pflege: Regelmäßig gießen, verwelkte Blüten und gelbe Blätter entfernen, ab etwa sechs Wochen nach Pflanzung bei sichtbaren Aufhellungen der Blätter flüssig nachdüngen
Schädlinge: Blattläuse, Minierfliegen

MASSLIEBCHEN [2]
Bellis perennis
Wuchs: Kompakt und flach wachsend, mehrjährig
Blüte: Auf schlanken Stängeln, halb gefüllt oder gefüllt, in Weiß, Rosa oder Rot
Blütezeit: März bis Mai
Standort: Halbschattig bis sonnig, in Blumenkästen, Schalen und Kübeln
Pflege: Regelmäßig gießen, verwelkte Blüten und gelbe Blätter entfernen, nach vier bis sechs Wochen steigern leichte Düngergaben die Blühfreude
Krankheiten: Rostpilze
Besonderheiten: Besonders pflegeleicht und anspruchslos

HORN-VEILCHEN [3]
Viola cornuta
Wuchs: Flach ausbreitend, frost- und wetterfest, zweijährig
Blüte: 2 bis 4 cm groß, mit zwei spiegelgleichen Hälften wie ein „Kätzchengesicht", duftend, leuchtende Farbvariationen in Gelb, Orange, Rosa, Rot, Violett, Blau oder Weiß, markante Sonderfarben
Blütezeit: Frühjahrsblüte ab März bis weit in den Sommer
Standort: Halbschattig bis sonnig, in Blumenkästen, Schalen und Kübeln, gut verzweigte, hängende Sorten sind auch in Ampeln möglich
Pflege: Regelmäßig gießen, verwelkte Blüten und gelbe Blätter entfernen, ab etwa sechs Wochen nach Pflanzung bei sichtbarem Wachstum wöchentlich nachdüngen
Krankheiten: Blattfleckenkrankheit, Echter Mehltau
Besonderheiten: Horn-Veilchen-Farbmix aus drei harmonierenden Einzelfarben in einem Topf kombiniert, Stiefmütterchen (*Viola × wittrockiana*) als „große Schwester" auch für Balkon und Terrasse geeignet

GOLDLACK [4]
Erysimum cheiri
Wuchs: Aufrecht buschig, 30 bis 50 cm hoch, mehrjährig
Blüte: Radförmige Blüten, die in Trauben

angeordnet sind, leuchtend in Gelb, Orange, Rot, Pink oder Lila, oft mit schönem Farbenspiel auf einer Pflanze
Blütezeit: März bis weit in den Sommer
Standort: Sonnig, in Blumenkästen, Schalen und Kübeln
Pflege: Regelmäßig gießen, Triebe mit verwelkten Blüten und gelbe Blätter entfernen, ab etwa sechs Wochen nach Pflanzung sollte bei sichtbarem Wachstum wöchentlich mit einem ausgeglichenen Flüssigdünger nachgedüngt werden
Krankheiten: Echter und Falscher Mehltau
Besonderheiten: Intensiv duftend, Strukturpflanze in Frühjahrskombinationen, lockt Bienen und Schmetterlinge an, nur an geschützten Standorten winterhart. Vorsicht: Pflanze ist giftig

AKELEI [5]
Aquilegia caerulea
Wuchs: Aufrecht wachsend, 30 bis 60 cm hoch, mehrjährig
Blüte: Glockenförmige Blüten in Blau, Rot, Gelb oder Weiß
Blütezeit: April bis Juni
Standort: Halbschattig bis sonnig, in Blumenkästen, Schalen und Kübeln
Pflege: Regelmäßig gießen, verwelkte Pflanzenteile entfernen, ab etwa sechs Wochen nach Pflanzung sollte bei sichtbaren Aufhellungen der Blätter wöchentlich flüssig nachgedüngt werden
Besonderheiten: Schöne Leitpflanze in Gefäßen mit besonders attraktiven Blüten, hinterlässt aber schnell Lücken im Kasten, vermehrt sich leicht durch Selbstaussaat. Vorsicht: Blüten sind giftig

IMMERGRÜNE SCHLEIFENBLUME [6]
Iberis sempervirens
Aussehen: Kompakt dunkelgrüne Polster, feingliedrig, mehrjährig
Blüte: Unzählig viele radförmige Blüten in Weiß, die in Trauben angeordnet sind
Blütezeit: April bis Juni
Standort: Sonnig, in Blumenkästen, Schalen, Kübeln, Mauerfugen und Trockenmauern
Pflege: Wenig, aber regelmäßig gießen, nach der Blüte einmal kräftig zurückschneiden
Besonderheiten: Duftend, lockt Bienen und Schmetterlinge an, gut geeignet als Unterbepflanzung von Hochstämmchen im Topf

BLAUKISSEN [7]
Aubrieta-Cultivars
Wuchs: Flach, polsterbildend, mehrjährig
Blüte: Zahlreiche radförmige Blüten in Blau, Rosa, Violett oder Weiß, die in Trauben angeordnet sind
Blütezeit: März bis Juni
Standort: Sonnig, in Blumenkästen, Schalen, Kübeln, Mauerfugen und Trockenmauern
Pflege: Regelmäßig gießen, nach der Blüte den Spross zurückschneiden, fördert den Wuchs und die Blühfreudigkeit
Besonderheiten: Überzeugt besonders als kaskadenbildende Polsterpflanze in kleinen Mauerfugen und als Bienenweide

KISSEN-PRIMEL [8]
Primula vulgaris
Wuchs: Horstartig kompakt, mehrjährig
Blüte: Stieltellerförmig in Köpfchen, leuchtende Farbvariationen in Gelb, Orange, Rosa, Rot, Violett oder Weiß, einzelne Sorten mit gestreifter Blüte oder feiner Blütenrandung, Hybriden auch gefüllt blühend, markante Sonderfarben
Blütezeit: Sehr frühe Sorten bereits ab Dezember im Handel, späte Sorten blühen im April
Standort: Halbschattig, in Blumenkästen, Schalen und Kübeln
Pflege: Regelmäßig gießen, bei starken Welkesymptomen den gesamten Topfballen ins Wasser tauchen, verwelkte Blüten und gelbe Blätter entfernen
Schädlinge & Krankheiten: Blattläuse, Grauschimmel

FRÜHLING

[1]

[2]

[3]

[4]

FRÜHLINGSBOTEN
mit Knollen und Zwiebeln

Zwiebelblumen machen den Anfang: Im zeitigen Frühjahr strecken sie ihre Triebspitzen aus der Erde und schmücken mit farbenfrohen Blüten Ihre Schalen, Blumenkästen und Kübel.

BLUMENZWIEBELN SELBER ZIEHEN Blühende Zwiebelblumen wie Osterglocken, Hyazinthen oder Tulpen erhalten Sie im Frühling überall. Am besten kaufen Sie die Frühlingsblüher im knospigen Zustand, dann haben Sie lange etwas davon. Noch viel spannender aber ist es, wenn Sie die Blumenzwiebeln schon im Vorjahr, am besten im September, in tiefere Kübel oder Schalen setzen (Pflanztiefe siehe Porträt) und diese über den Winter kühl, aber geschützt aufstellen und nie ganz austrocknen lassen. Im darauf folgenden Frühling können Sie dann das Naturerwachen live von Anfang an miterleben. Achten Sie beim Kauf auf große, schwere Zwiebeln ohne schrumpelige Oberfläche, die druckfest, aber etwas elastisch sind. Werfen Sie aber nicht alle Frühjahrsblüher in einen Topf, zu unterschiedlich sind ihre Blütezeiten. Eine gelungene Aprilkombination zaubern Sie mit Narzissen, Tulpen, Hyazinthen und Traubenhyazinthen. Frühaufsteher wie Schneeglöckchen oder Krokusse sowie zarte Geschöpfe wie die Schachbrettblume bekommen eher ein „Einzelzimmer" zugewiesen. Denn ihre Blühzeit ist oft nur kurz oder aber sie würden wegen ihrer grazilen Erscheinung im ganzen Blütentrubel untergehen.

MAIGLÖCKCHEN [1]
Convallaria majalis
Wuchs: Aufrecht horstbildend, 20 bis 30 cm hoch
Blüte: Glockenförmige Blüten an längeren Blütenstängeln, in Weiß
Blütezeit: Mai
Standort: Halbschattig bis schattig
Pflanztiefe: 5 cm
Besonderheiten: Intensiv duftend, lockt Bienen und Schmetterlinge an, neigt zum starken Ausbreiten. Vorsicht: ganze Pflanze ist stark giftig

TRAUBENHYAZINTHE [2]
Muscari botryoides
Wuchs: Aufrecht horstbildend, 15 bis 30 cm hoch
Blüte: Röhrenförmige Blüten, die in Trauben angeordnet sind, in Blau oder Weiß
Blütezeit: April bis Mai
Standort: Sonnig
Pflanztiefe: 10 bis 15 cm
Besonderheiten: Duftend und mit toller Farbwirkung, wenn sie dicht aneinander gepflanzt werden, dient auch als Bienenweide

BLAUSTERN [3]
Scilla siberica
Wuchs: Aufrecht kompakt wachsend, bodendeckend, 10 bis 20 cm hoch
Blüte: Radförmige Blüten in leuchtend Blau, Violett oder Weiß, die in Trauben angeordnet sind
Blütezeit: März bis April
Standort: Halbschattig bis sonnig
Pflanztiefe: 8 bis 10 cm
Besonderheiten: Verwildert zu wunderschönen Blütenteppichen

SCHACHBRETTBLUME [4]
Fritillaria meleagris
Wuchs: Aufrecht horstbildend, 25 bis 35 cm hoch
Blüte: Hängend, glockenförmig mit auffälliger Schachbrettmusterung in Weiß, Rot, Rosa, Hellgrün, Gelb oder Violettblau
Blütezeit: April bis Mai
Standort: Halbschattig bis sonnig
Pflanztiefe: 5 bis 10 cm
Besonderheiten: Blüten besonders dekorativ, vermehrt sich auch durch Selbstaussaat. Vorsicht: ganze Pflanze ist giftig

NARZISSE [5]
Narcissus-Cultivars
Wuchs: Aufrecht, 20 bis 40 cm hoch
Blüte: Narzissenartige Blüte je nach Gruppe trompeten- oder kronenförmig in Gelb oder Weiß, weitere Sorten in Pastellfarben, zweifarbig oder gefüllt
Blütezeit: Februar bis Mai
Standort: Halbschattig bis sonnig
Pflanztiefe: 15 bis 20 cm
Besonderheiten: Typischer Frühlingsklassiker, knospig kaufen und im Tuff pflanzen. Vorsicht: ganze Pflanze ist giftig

TULPE [6]
Tulipa-Hybriden
Wuchs: Aufrecht, 20 bis 50 cm hoch, niedrige Sorten für den Kasten am Balkongeländer, höhere Sorten nur für Töpfe, die windgeschützt am Boden stehen
Blüte: Je nach Klassen und Sorten sind Tulpen glockenförmig, gefüllt oder ungefüllt in Gelb, Rosa, Rot, Orange oder Violett, oft auch zweifarbig, geflammt, mit gefransten oder gerüschten Rändern.
Blütezeit: März bis Mai
Standort: Halbschattig bis sonnig
Pflanztiefe: 10 cm
Besonderheiten: Besonders gelbe oder rote Tulpenblüten zeigen eine tolle kraftvolle Farbwirkung, einige Sorten duften. Die Rembrandt-Tulpe ist eine schöne Tulpen-Sorte mit geflammten Blüten.

HYAZINTHE [7]
Hyacinthus orientalis
Wuchs: Aufrecht, 20 bis 30 cm hoch
Blüte: Große dominante Einzelblüten, glockenförmig in Blau, Gelb, Rosa, Rot und Weiß, in Trauben angeordnet, Multiflora-Sorten bilden mehrere Stiele pro Zwiebel, Blüten sind aber zierlicher
Blütezeit: März bis April
Standort: Halbschattig bis sonnig
Pflanztiefe: 10 bis 15 cm
Besonderheiten: Besonders intensiv blumig duftend, lockt Bienen und Schmetterlinge an. Großblumige Sorten können schnell umkippen und sind deshalb zu stäbeln. Ständiger Regen führt zum Grauschimmelpilz in den Blüten.

FRÜHLINGS-KROKUS [8]
Crocus vernus
Wuchs: Locker, horstbildend, 10 bis 15 cm hoch
Blüte: Becherförmig in Hellblau bis Violett
Blütezeit: Februar bis März
Standort: Sonnig
Pflanztiefe: 5 bis 10 cm
Besonderheiten: Duftend, lockt Bienen und Schmetterlinge an. Vorsicht: ganze Pflanze ist giftig

[5]

[6]

[7]

[8]

PFLEGEHINWEIS Die Frühlingsboten benötigen nicht viel Pflege. Gießen Sie die Gefäße mit Blumenzwiebeln regelmäßig, aber eher mit geringen Wassermengen. Zusätzliche Nährstoffgaben brauchen sie nicht. Die Blütenstängel können Sie gleich nach der Blüte entfernen. Die Blätter aber schneiden Sie erst ab, wenn sie vollkommen verwelkt sind. So nutzen die Zwiebeln noch die Sonnenenergie, um einen Nahrungsvorrat für das nächste Jahr anzulegen. Anschließend bietet es sich an, die Zwiebeln im Garten auszupflanzen und verwildern zu lassen.

FRÜHLING

FRÜHLINGSGEMÜSE
für Kästen und Kübel

Auch der kleinste Balkon bietet Platz für die Gemüseanzucht, wenn man die richtige Kombination von Pflanzen und Gefäßen wählt. Empfehlungen dafür finden Sie hier!

RHABARBER [1]
Rheum rhabarbarum
Aussehen: Ausdauerndes Stielgemüse mit markanten, rötlich gefärbten Blattrosetten
Kultur: Pflanzung von Stecklingen im Frühjahr oder Herbst in große Einzeltöpfe oder Kübel. Alte Pflanzen können auch geteilt werden. An einem halbschattigen bis sonnigen Standort sollte die Erde ausreichend feucht sein. Rhabarber gilt als nährstoffbedürftig, deshalb besonders nach der Ernte regelmäßig nachdüngen.
Krankheiten: Falscher Mehltau
Ernte: Blattstiele ohne Blätter im Mai, die als Marmelade, Kuchen oder Süßspeise verarbeitet werden. Die Stiele werden mit einem Dreh im Uhrzeigersinn aus dem Wurzelstock herausgelöst. So entstehen keine Wunden und es bleiben auch keine unschönen Stummel stehen. Letzte Ernte spätestens bis Mitte Juni, danach reichert sich gesundheitsbedenkliche Oxalsäure in den Blattstielen an.

FELDSALAT [2]
Valerianella locusta
Aussehen: Der Feldsalat, auch als Acker- oder Rapunzelsalat bekannt, gehört zum Blattgemüse. Die rosettenbildenden, rundblättrigen bis länglichen grünen Blätter haben einen leicht nussigen Geschmack.
Kultur: Die Aussaat für die Frühjahrsernte erfolgt im Februar mit einem Abstand von etwa 3 bis 5 cm. Der Standort für die Gefäße sollte vollsonnig sein, dabei aber aufpassen, dass die Erde gleichmäßig feucht bleibt. Denn Trockenperioden lassen die Pflanzen vorzeitig aufblühen.
Krankheiten: Grauschimmel, Falscher Mehltau
Ernte: Sobald die Pflanzen sich berühren, zunächst die äußeren Blätter abschneiden. So sind weitere Ernten möglich. Wenn sich später je nach Witterung im April oder Mai die Herzblätter in der Blattrosette röhrenartig nach oben schieben, deutet sich die Blüte an. Jetzt sollte die Pflanze komplett geerntet werden.

RUKOLA [3]
Eruca sativa
Aussehen: Rukola oder Rauke gehört zum Blattgemüse. Die länglichen grünen Blätter verleihen durch ihren scharfen Geschmack Salaten ein würziges Aroma.
Kultur: Aussaat in Blumenkästen oder Schalen ab April mit einem Abstand von 3 bis 5 cm. Der Standort sollte sonnig sein. Die Erde gleichmäßig feucht halten. Der Nährstoffvorrat in der Bio-Gemüseerde reicht aus.

Krankheiten: Echter oder Falscher Mehltau
Ernte: Geerntet wird von außen nach innen, sobald die Blätter etwa 5 cm lang sind. Wenn das Herz der Pflanze unbeschädigt bleibt, kann öfters geschnitten werden.

RADIESCHEN [4]
Raphanus sativus var. *sativus*
Aussehen: Radieschen gehören zum Wurzelgemüse. Ihre meist kugeligen, rötlichen oder weißlichen Speicherknollen eignen sich als würzige Zutat für den Frischverzehr. Neben kugeligen Sorten gibt es auch längliche „Eiszapfen", die in tiefere Gefäße gesetzt werden.
Kultur: Aussaat in Blumenkästen ab Anfang März mit 3 bis 5 cm Abstand. Der Standort sollte sonnig sein. Als Schwachzehrer mit kurzer Kulturzeit kommen sie in einer organisch aufgedüngten Bio-Gemüseerde ohne zusätzliche Düngergaben gut über die Runden. Regelmäßig gießen, damit die Radieschen nicht holzig werden und zügig wachsen. Mit ihrer schnellen Kulturzeit eignen sich Radieschen gut als „Lückenbüßer" in Mischkästen.
Ernte: Schon vier Wochen nach der Aussaat beginnt die Ernte schnell wachsender Sorten. Bleiben Radieschen zu lange im Blumenkasten, können sie pelzig schmecken.

PFLÜCK- UND SCHNITTSALAT [5]
Lactuca sativa var. *crispa*
Aussehen: Als Blattgemüse bilden Pflück- und Schnittsalate mit ihren länglichen und oft gekräuselten, grünen, roten oder braunen Blättern eine vielfältige Grundlage für frische Salatkreationen im Frühling. Bestens bekannt ist der Eichblattsalat. Die in der Form eichenlaubartigen Blätter haben eine leicht nussige Note im Geschmack.
Kultur: Salatjungpflanzen ab Anfang April im Abstand von 15 bis 20 cm in Schalen oder Blumenkästen pflanzen, dabei nicht zu tief setzen. Am besten in Sätzen kultivieren (etwa alle vier Wochen die Aussaat wiederholen), damit Sie bis in den Herbst hinein regelmäßig ernten können. Der Standort sollte sonnig, aber nicht zu heiß gewählt werden, damit der Salat nicht zu schnell Blüten bildet. Gleichmäßige Feuchtigkeit ist ebenfalls wichtig. Der Nährstoffvorrat in der Bio-Gemüseerde sollte zunächst ausreichen. Bei längerer Kulturzeit ab sechs bis acht Wochen einmal pro Woche nachdüngen.
Schädlinge & Krankheiten: Blattläuse, Falscher oder Echter Mehltau
Ernte: Bei günstiger Witterung werden bereits vier Wochen nach Pflanzung die ersten äußeren Blätter geerntet, sobald der Salat etwa 10 cm hoch ist. Das Herz der Pflanze sollte dabei unbeschädigt bleiben. Anfangs nicht zu viele Blätter entnehmen, dann fallen die Folgeernten umso reicher aus.

ASIATISCHES BLATTGEMÜSE [6]
Brassica rapa ssp. *chinensis* u. a.
Aussehen: Asia-Salate gehören zwar zur Kohlfamilie, bereichern aber in erster Linie die Palette der Blattsalate. Die Geschmacksvariationen reichen von nussig, scharf bis kohlähnlich mild. Es gibt: Mini Pak Choi (*Brassica rapa* ssp. *chinensis*), Amchoi [→Bild] (*Brassica juncea*), Mizuna (*Brassica rapa* ssp. *nipposinica* var. *laciniata*), Komatsuna (*Brassica rapa* ssp. *nipposinica* var. *chinoleifera*).
Kultur: Aussaat in Blumenkästen oder Schalen ab März im Abstand von etwa 10 cm. Der Standort sollte sonnig sein. Als Substrat eignet sich eine Bio-Gemüseerde, gleichmäßig feucht halten.
Krankheiten: Falscher Mehltau
Ernte: Die erste Ernte der äußeren Blätter ist bei günstiger Witterung bereits nach vier bis sechs Wochen möglich.

[4]

[5]

[6]

FRÜHLING

DIE BODENFLÄCHE VOR DEM FLIESENKAUF EXAKT AUSMESSEN.

[a]

[b]

DAS IST *wirklich* WICHTIG

[a] **UNKOMPLIZIERT UND SCHNELL** lassen sich Fliese für Fliese aneinander „klicken".

[b] **KLEINE SCHNITTMASSNAHMEN** sind hin und wieder notwendig, die Sie leicht mit einer Säge bewerkstelligen können.

[c] **DIE EBEN ZUGESCHNITTENE KLICKFLIESE** passt wie angegossen in die Ecke.

[c]

PRAKTISCH & SCHÖN

Klickboden verlegen

Macken, Flecken oder einfach nur satt gesehen: Wenn Ihr Bodenbelag auf Balkon oder Terrasse etwas in die Jahre gekommen ist, können Sie ihn schnell und einfach ersetzen – ohne aufwendige Unterkonstruktion.

Möglich macht es ein innovatives Stecksystem aus kleinen (meist 30 × 30 cm), quadratischen Kunststoffrastern mit Holzplanken-, Steinfliesen- oder Kunstrasenbesatz, die miteinander verbunden werden und so im Handumdrehen einen Balkonboden von fast beliebiger Größe zaubern. Für die Verlegung sind nur wenige Werkzeuge wie eine Zange oder eine Holzsäge zum Trennen einzelner Klickelemente notwendig, aber keine Schrauben. Das System stellt eine einfache Lösung dar, wenn Sie etwa in einer Mietwohnung die alten und kalten Betonplatten auf dem Balkon überdecken möchten. Der größte Vorteil ist, dass alte Böden nicht mühsam herausgebrochen werden müssen. Wenn sie eben und fest sind, dienen sie vielmehr als Untergrund. Und wenn ein Wohnungswechsel anstehen sollte, zieht der transportable Klickboden durch die einfache und schnelle Montage und Demontage bequem mit Ihnen um.

EINFACHE MONTAGE – SO GEHEN SIE VOR

Die erste und wichtigste Entscheidung ist, welches Material der Bodenbelag haben soll. Denn der Charakter des jeweiligen Materials wirkt sich unmittelbar auf das Raumgefühl auf Ihrem Balkon aus. So bringt Holz ein warmes, angenehmes Wohlbefinden mit sich, Steinfliesen wirken kühler und technisch, Kunstrasen sorgt für ein naturnahes Ambiente.

Nehmen Sie sich die Zeit vor dem Einkauf und messen Sie die Fläche auf Balkon oder Terrasse exakt aus. So haben Sie keine unnötigen Kosten für nicht verbaute Elemente.
Wenn Balkon oder Terrasse frei geräumt sind, können Sie mit der Montage gezielt an einer Ecke beginnen. Verbinden Sie Fliese mit Fliese über das Clipsystem [→a] und überprüfen Sie hin und wieder, ob die einzelnen Platten auch miteinander einrasten. An einer Hausecke angekommen, sind kleine Schnittmaßnahmen notwendig. Hierfür eignet sich eine Holzsäge, mit der Sie die Kunststoffraster auf der Rückseite leicht trennen können [→b]. Durch die flexiblen Schnittmaßnahmen passen die Bodenfliesen meist gut in die Ecken [→c].
Ob Mensch oder Tier, wenn Sie fertig sind, werden sich alle auf dem neuen warmen Holzboden wohlfühlen und es sich gemütlich machen. Haben Sie sich für einen Holzboden entschieden, ist ein jährlicher Holzschutz mit Lasuren, Ölen oder Wachsen notwendig, damit er nicht ausbleicht.

KLICKFLIESEN KOMBINIEREN Bei den meisten Anbietern sind die Klickfliesen unterschiedlicher Materialien durch das gleiche Clipsystem miteinander kombinierbar. Dementsprechend können Sie bei größeren Balkonen oder Terrassen einzelne Teilbereiche gestalten. Robuste und barfußfreundliche Echtholzbodenplatten zaubern ein Gemütlichkeitsgefühl im Wohnbereich mit Tisch und Stühlen, während ein kleiner Teilbereich mit Kunstrasen als Untergrund für eine Nasch- oder Spielecke dienen könnte.

PLATZ ZUM WOHLFÜHLEN

Mit Möbeln, Boden und Deko gestalten

Balkon und Terrasse dienen an warmen Tagen als zusätzlicher Wohnraum unter freiem Himmel. Das besondere Flair geht dabei nicht nur von den Pflanzen aus, sondern auch von dem Bodenbelag, dem Mobiliar und der Deko.

BODENBELAG ALS VERBINDENDES ELEMENT

Die Stimmung, die durch die Auswahl des Bodenbelages auf Balkon oder Terrasse ausgeht, ist nicht zu unterschätzen. Sie haben freie Auswahl! Die Grenzen setzen hier nur Stil und Kosten – oder der Mops entscheidet und wählt mit warmen Holzfliesen die Wohlfühl-Variante. Die Auswahl des Bodenbelages richtet sich neben dem persönlichen Geschmack auch nach der Architektur des Hauses, des Balkons oder der Terrasse, die einen neuen Bodenbelag erhalten sollen. Beispiel: Bei einem sachlich modernen Wohnhaus hinterlässt eine Holzterrasse einen warmen, natürlichen Kontrast. Bodenplatten aus Stein dagegen würden die unterkühlte Wirkung der Architektur noch unterstreichen. Bei Altbauten könnten Holzfliesen auf dem Balkon schnell als Fremdkörper wirken, während Natursteinfliesen ein älteres Haus meist auch optisch gut ergänzen würden. Ein eindrucksvolles Mittel, um gerade bei zeitgenössischer und offener Gestaltung die Grenzen zwischen Innen- und Außenraum aufzulösen, ist die Verwendung von Outdoor-Fliesen als durchgängiger Belag in Wohnzimmer und Terrasse.

Für all jene, für die selbst das schnelle Verlegen eines Klickbodens zu viel Aufwand bedeutet, sind Outdoor-Teppiche die perfekte Lösung. Aus besonders robusten, wetterfesten Fasern verarbeitet, sorgen sie für einen frischen Look und echtes Wohnzimmerflair im Freien. Sie lassen sich auch bestens dazu verwenden, um Balkon oder Terrasse in einzelne Bereiche zu gliedern, beispielsweise als Basis für eine stilvolle Lounge-Sitzgruppe.

BALKONMÖBEL SCHAFFEN ATMOSPHÄRE

Das wohl Allerwichtigste: Die Outdoor-Möbel sollten im Stil oder Material annähernd stimmig zusammenpassen. Schnell sieht das Mobiliar ungewollt zusammengestückelt aus, wenn Sie mal hier einen Tisch aus Holz kaufen und anderswo einem günstigen Angebot mit Balkonstühlen aus Plastik nicht widerstehen können. Vieles lässt sich aber auch kombinieren: Ob aus Holz, Aluminium, Eisen, Kunststoff oder Rattan, ob einfarbig oder knallig bunt in allen Farben des Regenbogens im peppigen Streifenlook – die Auswahl ist riesig und natürlich auch abhängig vom Budget. Aber wer sich etwas Zeit nimmt, findet sicher etwas Passendes für seinen Geldbeutel. Beantworten Sie für sich die Fragen, welche Atmosphäre Sie auf Balkon oder Terrasse schaffen möchten und vor allem auch, wie viel Platz Sie haben. Bevorzugen

Sie den natürlichen Landhausstil mit Möbeln aus Holz? Oder doch eher die stilvolle Lounge aus einem Kunststoffgeflecht im Rattan-Look? Wenn Sie die Möbel vor Ort in Einrichtungshäusern, Baumärkten oder Gartencentern sehen, fühlen und probesitzen, wird Ihnen sicher schnell klar werden, in welche Richtung es gehen soll. Und auch die Funktionalität Ihrer Möbel kann sich beträchtlich unterscheiden. Sollte der Tisch ausziehbar sein? Oder die Stühle stapelbar? Brauchen Sie eine Schutzhülle für Ihre Lounge-Möbel? Viele Fragen, über die Sie sich am besten schon vor dem Kauf Gedanken machen.

ACCESSOIRES GEHÖREN DAZU

Auch wenn wir Männer die von unseren Frauen so geliebten Accessoires nur lapidar in unserem Wortlaut als „Schnickschnack" bezeichnen – sie gehören einfach zu einer stimmungsvollen Balkoneinrichtung mit dazu. Viele wetterfeste Dekoartikel oder Mitbringsel aus dem Urlaub, wie eine edle Keramikvase oder -schale, ein schönes Bild oder ein uriger Kerzenhalter, eignen sich wunderbar, um Stimmung zu erzeugen. Schon mal daran gedacht, die aus dem Urlaub mitgebrachten Muscheln als Mosaik auf einen Terrakotta-Topf zu kleben? Es gibt ganz wunderbare Ideen, sich sein Wohnzimmer im Freien mit kleinen Handgriffen zu verschönern.

MÖBEL FÜR MINI-BALKONE? KLAPPT DOCH!
Je kleiner der Balkon ist, umso sinnvoller ist die Anschaffung von Klapptischen, die entweder frei stehen oder an der Hauswand beziehungsweise am Balkongeländer sicher montiert werden. Je nach Anzahl der Balkonbesucher kommen Klappstühle hinzu – schon ist der Platz geschaffen für eine gesellige Runde im Grünen. Zusammengeklappt braucht der Tisch nur ganz wenig Platz und stellt kein Hindernis dar, wenn Sie am nächsten Tag Ihren Balkon wieder in eine Ausruhzone verwandeln und die Sonnenliege zum Vorschein kommt.

[1] FRÜHLING

[2]

[3]

[4]

MATERIALWAHL
bei Bodenbelag und Möbeln

Mit der Wahl der Bodenbeläge und Möbel unterschiedliche Stimmungen erzeugen, ohne viel Pflegeaufwand? Hier ein Überblick über die Wirkung und Eigenschaften der Werkstoffe.

HOLZ [1]
Das Material verspricht ein warmes, wohliges und barfußfreundliches Ambiente. Die Holzfliesen als Klicksysteme oder praktische Systemdielen mit Verbindungshaken machen eine leichte Montage möglich. Holz für draußen sollte immer wetterfest sein. Hochwertige Fliesen aus widerstandsfähigen Hartholzarten wie Eiche oder Esche eignen sich deshalb besonders gut, haben dafür aber auch ihren Preis. Als preiswertere Alternative haben sich Weichhölzer wie beispielsweise Kiefer etabliert, die mit einer dauerhaften Imprägnierung widerstandsfähig gemacht werden. Immer beliebter werden Tropenhölzer, bei denen Sie aber unbedingt auf das FSC-Siegel für nachhaltige Forstwirtschaft achten sollten. Damit Sie lange Freude an Ihren Holzböden haben und diese vor allem nicht ausbleichen, ist ein jährlicher Holzschutz mit Lasuren, Ölen oder Wachsen notwendig.

HOLZ-KUNSTSTOFF-MIX [2]
Als pflegeleichte Alternative ist im Handel auch ein Holz-Kunststoff-Mix erhältlich: Wood-Plastic-Composite, kurz WPC. Dieser Mix aus Kunststoff und Holzfasern vereint die Vorteile beider Materialien. Sie sind besonders langlebig und pflegeleicht, ihre Oberfläche ähnelt dabei dem warmen Ambiente naturbelassener Hölzer.

KUNSTSTOFF [3]
Bodenbeläge aus Kunststoff, zum Beispiel Polypropylen (PP), gelten als pflegeleicht, höchst belastbar, UV-beständig, wetterfest und leicht zu reinigen. Es gibt im Handel auch Bodenfliesen aus Kunststoff, die sich zudem elastisch zeigen. Bei aller Funktionalität lassen sie aber die natürliche Wirkung vermissen, die der Bodenbelag vermitteln soll.

NATUR-/KUNSTSTEIN [4]
Die Vorteile gepflasterter Böden aus Natur- oder Kunststein liegen auf der Hand: Das Material ist dauerhaft, widerstandsfähig und behält sein Aussehen auch über viele Jahre. Es wird mit der Zeit sogar immer schöner, etwa wenn Natursteinplatten nachdunkeln oder eine leichte Patina ansetzen. Glatte Steinoberflächen lassen sich zudem leicht säubern und benötigen kaum Pflege. Allerdings, so schön diese Flächenbelege auch sind, der Aufwand beim Um- oder Neubau der Terrasse ist riesengroß. Meist muss der Untergrund komplett entfernt werden für ein neues Fundament, Drainage und Kiesbett. Wenn Ihre Heimwerkerkarriere erst vor Kurzem begonnen hat, könnten Sie sich leicht überfordert fühlen. Vielleicht haben Sie in Ihrem Bekanntenkreis erfahrene Handwerker, die Ihnen mit Rat und Tat zur Seite stehen.

BALKONMÖBEL

Die Materialien für Balkonmöbel unterscheiden sich in ihren Eigenschaften und ihrer Wirkung erheblich. Von warm-natürlich bis kühl-modern – alles ist möglich. Oft werden die Möbel auch mit kombinierten Werkstoffen angeboten, was folglich die verschiedenen Empfindungen vereint. So schafft Teakholz mit Aluminium oder Edelstahl kombiniert, einen besonders attraktiven Kontrast, der dem Balkon ein edles, aber auch warmes Ambiente verleiht.

TEAKHOLZ [5]

Dieses Holz wirkt elegant und gradlinig. Es ist extrem widerstandsfähig, denn Feuchtigkeit, Temperaturschwankungen oder selbst Schnee und Eis können ihm nichts anhaben. Eine Pflege ist nicht zwingend erforderlich, allerdings verfärbt sich das Teakholz mit der Zeit silbergrau. Selbstverständlich können Sie Teakholz mit einem speziellen Öl behandeln, um dem Vergrauen entgegenzuwirken. Oder aber Sie greifen nicht ein und lassen die Natur im Stile von „shabby chic" ihren Charme versprühen.

HARTHOLZ [6]

Möbel aus Hartholz verbreiten durch ihre natürliche Oberfläche eine allseits beliebte warme Atmosphäre. Da es sich um ein Naturprodukt handelt, gelten sie aber auch als pflegeintensiv. In den Wintermonaten sind die Holzmöbel trocken zu lagern. Im Frühjahr nach dem Rausstellen wischen Sie die Möbel am besten mit einer leichten Seifenlauge ab. Ölen Sie Ihre Möbel auch regelmäßig mit Hartholzöl ein, damit Sie lange Freude an diesem Naturprodukt haben.

RATTAN UND KUNSTSTOFFGEFLECHTE [7]

Balkon- und Terrassenmöbel aus dem Naturgeflecht Rattan verströmen eine besonders warme und mediterrane Stimmung. Da Rattan aber ein Naturprodukt ist und hohe Luftfeuchte, Regen sowie dauerhafte Nässe diesen hochwertigen Möbeln extrem schaden, sind sie nur bedingt für den Einsatz im Freien geeignet, beispielsweise für eine überdachte Terrasse.
Aus diesem Grund werden heutzutage viele Outdoor-Möbel zwar im Rattan-Look, aber nicht mehr aus Rattan selbst hergestellt. Mittlerweile haben Kunststoffgeflechte aus Polyethylen (PE) das natürliche Rattan ersetzt. Erstaunlicherweise werden Sie rein optisch kaum einen Unterschied feststellen, dafür aber hinsichtlich Haltbarkeit, Handling und Design. Die neuen Materialien aus PE sind nicht nur pflegeleicht, sondern auch temperatur-, wetter- sowie UV-beständig. In der Farbe Silbergrau wirken sie sehr hochwertig und modern. Bräunliche Farbtöne sorgen für eine besonders natürliche Atmosphäre.

ALUMINIUM [8]

Grundsätzlich sind Balkonmöbel aus Aluminium leicht, widerstandsfähig und korrosionsfrei. Als Sommermöbel hinterlassen sie einen modernen, edlen Eindruck.

EISEN ODER STAHL

Diese Werkstoffe wirken zeitlos elegant. Sie finden sie in mediterranen Gärten oder im Vintage-Style oft wieder. Die Materialien bringen hervorragende Eigenschaften mit sich, um stabile Konstruktionen zu schaffen. Durch eine spezielle Pulverlackbeschichtung wird Stahl vor Korrosion geschützt. Verwenden Sie zur Reinigung keinesfalls aggressive oder scheuernde Reinigungsmittel.

STOFFE

Möbel mit Bestandteilen aus Stoffen wie Polyester laden besonders zum Ausspannen ein. Sie sind trocken zu lagern. Wasserdichte Schutzhüllen sollten Sie wegen Kondenswasserbildung bei diesen Produkten nicht für längere Zeit verwenden.

[5]

[6]

[7]

[8]

SOMMER
Paradies zu Hause

IN DEN WARMEN SOMMERMONATEN ENTSPANNT AUF DEM BALKON SITZEN, UMGEBEN VON SEINEN KÜBELPFLANZEN IN DEKORATIVEN GEFÄSSEN: DRAUSSEN SEIN IST JETZT FÜR ALLE BALKONGÄRTNER EIN MUSS. JETZT HEISST ES „OUTDOOR-LIVING" ALS WAHRES LEBENSGEFÜHL MIT ALL SEINEN FACETTEN ZU GENIESSEN.

SOMMER

[a]

[c]

[d]

[e]

[b]

DAS IST *wirklich* WICHTIG

[a] WO SOLL'S DENN HINGEHEN? Die bis dato gepflanzten Balkon-Stars im Urlaubskoffer sorgen schon ordentlich für Stimmung. Denken Sie auch bei diesen Pflanzgefäßen an die Drainage und die Wasserabzugslöcher.

[b] DIE KOMBINATION scheint gewiss noch nicht spektakulär, aber schon bald werden die Vielfalt der unterschiedlichen Blütenformen und das harmonische Farbenspiel begeistern.

[c] EIN LECKERBISSEN FÜR DIE SINNE, wenn Elfenspiegel und Ziersalbei ihre aromatischen Düfte verströmen und zusammen mit dem Zauberglöckchen so wunderschöne Blüten hervorbringen.

[d] SCHWUNGVOLL UND ERFRISCHEND wie der Atlantik wirkt diese Kombination mit blauviolett-weißen Blüten.

[e] DIESES SOMMERARRANGEMENT im Weidekorb ist nicht nur hübsch anzusehen, sondern verzückt uns auch als wahre Schnupperoase.

AB IN DEN SÜDEN

Körbe und Koffer mit blühender Fantasie

Machen Sie es sich im Sommer auf Balkon und Terrasse so richtig schön – am besten mit Ihren Lieblingsfarben, duftenden Aromapflanzen und mediterran anmutenden Blütenformen.

BALKON-STARS IN ALLEN FARBEN UND FORMEN

Die Arten- und Sortenvielfalt im Balkonpflanzensortiment ist dank der unermüdlichen Züchtungsarbeit mittlerweile so groß geworden, da bleibt kein Farbwunsch mehr offen. Wobei je nach Art manche Farben bislang nicht oder nur schwierig zu erzielen sind. Oder haben Sie etwa schon eine gelbe Geranie gesehen? Sicher nicht. Wer ein leuchtendes reines Gelb haben möchte, für den stehen aber beispielsweise mit Goldtaler, Wandelröschen oder Strohblume genügend Alternativen bereit. Und wem das zu langweilig ist, greift einfach zu Blumen mit sternförmigen Musterungen, verträumten Blütenmitten oder kaskadenartigen Farbspielen. Die Formenvielfalt zieht mit immer wilderen Blütenformen nach. Ob ausgefranst, gefüllt oder in ihrer Größe fast überdimensional – Sie haben die Qual der Wahl.

DUFTOASEN – IMMER DER NASE NACH

Gehören Sie auch zu den Menschen, die erwartungsvoll an jeder schönen Blüte riechen, weil Sie einen aromatischen Duft darin vermuten? Dann verwandeln Sie Ihren Balkon doch einfach in ein Eldorado für die Nase. Neben Kräutern in allen Variationen finden sich viele Sommerblumen, deren Blüten besonders bei Sonnenschein die wunderbarsten Düfte aus ätherischen Ölen versprühen und zudem auch das Auge erfreuen. Ihre Blütendüfte verbreiten diese Pflanzen übrigens, um Bienen, Hummeln, Schmetterlinge und Falter anzulocken. Bei Pflanzen mit wohlriechenden Blättern stellt der Duft vermutlich einen natürlichen Schutz der Pflanzen vor dem Abgrasen durch Tiere oder vor dem Befall mit Schädlingen dar. Sehen Sie auf der folgenden Seite im Überblick, wer Sie da so alles mit seinen süßen, würzigen, fruchtigen oder sogar schokoladigen Aromen verführen möchte.

PFLANZBEISPIELE FÜR DEN SOMMERBALKON

Verreisen Sie mit in das Urlaubsparadies auf Ihrem eigenen Balkon. Wer kennt es nicht, das beliebte Gedächtnisspiel aus seiner Kindheit? Wir packen unseren Koffer und nehmen mit: ein Kapkörbchen, ein Husarenköpfchen, die Petunie 'Cascadias Indian Summer' und ein Indisches Blumenrohr [→a]. Später kommen noch die Petunie 'Sweetunia Johnny Flame' und ein duftendes Eisenkraut hinzu. Dieser charmante Koffer voller mediterran anmutenden Blütenfarben und -formen verspricht ein ganz besonderes Urlaubsfeeling.
Die nächste Farbkombination aus Rosa, Weiß und Pink wirkt harmonisch, braucht aber gewiss noch etwas Zeit, um sich voll zu entwickeln [→b]. Den Kontrast erhält die Bepflanzung zunächst aus der Vielfalt der unterschiedlichen Blütenformen. In der Mitte rangiert eine gefüllt blühende Petunie, seitlich daneben strecken ein stehendes und ein hängendes Eisenkraut ihre attraktiven Dolden in die Höhe. Auf der anderen Seite sorgt ein Zauberschnee als enger Verwandter des Weihnachtssternes mit seinen weißen Hochblättern für Aufsehen. Der Elfenspiegel mit seinen süßen gelben Blütenbuketts verwöhnt Sie mit seinem wunderbaren Duft [→c]. Das Lampenputzergras scheint mit seinen Wedeln alle Düfte zu vereinen. Das verträumte Farbenspiel des Zauberglöckchens kommt hinzu und sorgt für ein weiteres Highlight.
Erfrischend wirkt das Ensemble aus Petunie, Kapkörbchen, Vanilleblume und Eisenkraut [→d]. Besonders das sternförmige Farbenspiel der Petunie bringt dabei ordentlich Schwung auf Ihren Balkon.
Im Korbgeflecht versprechen die Vanilleblume und der Ziersalbei ein duftendes Fest für Ihre Nase [→e].

SOMMER

PFLEGESERVICE
für duftende Blüten und mehr

Nehmen Sie sich jeden Tag ein bisschen Zeit für Ihre pflanzlichen Mitbewohner auf Balkon und Terrasse. Ihr liebevolles Umsorgen danken sie Ihnen mit üppiger Blüte und einem gesunden Aussehen.

Eine blühende und zugleich duftende Balkonoase lädt ganz besonders ein zum Ausruhen, Lesen oder Plaudern. Wo Balkone und Terrassen vom Frühjahr bis in den Herbst hinein nahezu im Blütenmeer ertrinken, sind meist echte Pflanzenliebhaber am Werk.

AUSBRECHEN – SCHNEIDEN – ZUPFEN

Das regelmäßige Ausbrechen von verwelkten Blütenständen hat vielerlei Gründe: Die Balkonpflanze wirkt anschließend wieder viel hübscher und zudem regen Sie damit die Bildung eines neuen Blütenflors an. Brechen Sie die verwelkten Blütenstände von stehenden Geranien direkt oberhalb des folgenden Seitentriebes aus. Besonders bei Dauer- und Vielblühern wie den Dahlien können verblühtes Pflanzenmaterial oder auch gelbe Blätter bei entsprechend feuchter Witterung ein Ausgangspunkt für den Grauschimmelpilz sein. Auch wenn es auf den ersten Blick etwas mühsam erscheint: bitte ausputzen! Zudem setzen einige

Pflanzenarten nach der Blüte Samen und Früchte an, wie zum Beispiel das Wandelröschen oder die Fuchsie. Die energieaufwendige Produktion von Saatgut würde hier auf Kosten des Pflanzenwachstums und der Blütenfülle gehen, wenn Sie die Blüten nach dem Abblühen nicht entfernen. Viele verblühte Blütenstände lassen sich nicht so einfach mit der Hand abknipsen und sollten deshalb mit einer Gartenschere oder einem scharfen Messer sauber abgeschnitten werden. Setzen Sie auch hier wieder direkt oberhalb eines Seitentriebes an, damit keine „Stummel" entstehen. So vermeiden Sie mögliche Eintrittsporten pilzlicher oder bakterieller Krankheiten. Unkräuter stellen auf Balkon und Terrasse nur selten ein Problem dar. Doch hin und wieder schaffen es besonders geschickte und durchsetzungsstarke Zeitgenossen, sich in einer schick bepflanzten Balkonkasten-WG mit einzunisten. Zupfen Sie das Unkraut heraus, bevor es zur Blüte kommt. Denn schnell hat sich das Unkraut auch ausgesamt, um neue Logenplätze für seine Nachkommen einzunehmen.
Machen Sie es sich zur Gewohnheit, Ihre Pflanzen beim regelmäßigen Ausputzen auch auf Schädlinge und Krankheiten zu kontrollieren. Denn außer Ihnen gibt es noch andere, die an prächtig blühenden Sommerblumen interessiert sind (S. 94–95).

AUFBINDEN – DREHEN – RÜCKEN
Viele hochwachsende und kletternde Schönheiten müssen regelmäßig an Stützstäben oder Rankhilfen aufgebunden werden, sofern sie keine eigenen Klimmhilfen ausbilden. Werden die Kletterpflanzen regelmäßig in die richtige Bahn gelenkt, entwickelt sich schnell ein blühender Sichtschutz, der vor neugierigen Blicken abschirmt.
Die Balkonbepflanzung entwickelt sich während des Sommers und die Pflanzen nehmen an Blattmasse zu, sie wachsen stets dem Licht entgegen. Bei Ampeln kann es sinnvoll sein, sie gelegentlich zu drehen. Dann bekommen die Pflanzen von allen Seiten Licht und die Blütentraube entwickelt sich gleichmäßig in ihrer vollen Pracht. Töpfe oder Blumenkästen können oft etwas auseinandergerückt werden. Schon haben Ihre Pflanzen wieder mehr Platz, um sich zu entfalten.

BELIEBTE BALKONBLUMEN: Goldtaler *(Asteriscus maritimus)*, Pantoffelblume *(Calceolaria integrifolia)*, Zigarettenblümchen *(Cuphea ignea)*, Zauberschnee *(Euphorbia hypericifolia)*, Husarenknöpfchen *(Sanvitalia procumbens)*, Blaue Fächerblume *(Scaevola saligna)*, Studentenblume *(Tagetes patula)*

Duftende Balkonpflanzen

Deutscher Name	Botanischer Name	Verwendung	Bemerkungen
Bartnelke	*Dianthus barbatus*	Balkonkasten, Schalen	Blütenduft etwas schwer
Duftgeranie	*Pelargonium × fragrans*	Balkonkasten, Schalen	u. a. als Zitronenduft
Duftsteinrich	*Lobularia maritimum*	Balkonkasten, Schalen	lieblich, nach Honig duftend
Duft-Wicke	*Lathyrus odoratus*	Kletterpflanze	süßer Blütenduft
Eisenkraut	*Verbena*-Hybriden	Balkonkasten, Schalen	einige Sorten mit besonders intensivem Duft
Elfenspiegel	*Nemesia fruticans*	Balkonkasten, Ampeln	weiße Sorten duften besonders
Engelstrompete	*Brugmansia suaveolens*	Kübel	betörender Duft, vor allem gegen Abend, Pflanze giftig!
Harfenstrauch	*Plectranthus* 'Variegata'	Balkonkasten, Ampeln	die weiß-grünen Blätter duften
Lavendel	*Lavandula angustifolia*	Balkonkasten, Schalen	Duft wirkt besonders beruhigend
Levkoje	*Matthiola incana*	Kübel	duftende Blüten
Minze	*Mentha*, Arten und Sorten	Balkonkasten, Schalen	Düfte variieren je nach Sorte
Rosen	*Rosa*-Hybriden	Kübel	Rosenduft je nach Sorte
Rosmarin	*Rosmarinus officinalis*	Balkonkasten, Schalen	duftende Blätter und Blüten
Salbei	*Salvia officinalis*	Balkonkasten, Schalen	duftende Blätter und Blüten
Schokoladenblume	*Berlandiera lyrata*	Balkonkasten, Schalen	Schokoladenduft
Schokoladenkosmee	*Cosmos atrosanguineus*	Kübel	Blüten duften nach Schokolade
Thymian	*Thymus vulgaris*	Balkonkasten, Schalen	duftende Blätter und Blüten
Vanilleblume	*Heliotropium arborescens*	Balkonkasten, Schalen	warmer Vanilleduft
Wunderblume	*Mirabilis jalapa*	Balkonkasten, Schalen	starker fruchtiger Duft in den Abendstunden
Ziertabak	*Nicotiana × sanderae*	Balkonkasten, Schalen	Blütenduft in der Dämmerung
Zitronenverbene	*Aloysia citrodora*	Balkonkasten, Schalen	frischer Zitrusduft der Blätter

Tipp: Ein Schnuppertest beim Einkauf lohnt sich, denn nicht alle Sorten duften gleich intensiv.

VERJÜNGUNGSSCHNITT Petunien, Männertreu, Eisenkraut, Elfenspiegel oder Elfensporn laufen zu neuer Höchstform auf, wenn Sie Ende Juli, Anfang August zu lang gewordene, wenig blühende Triebe um etwa ein Drittel bis zur Hälfte zurückschneiden. Bei einem Rückschnitt vor dem Sommerurlaub präsentiert sich auf Ihrem Balkon zur Rückkehr ein neuer, prächtiger Blütenflor.

SOMMER

[1]

[2]

[3]

[4]

KLASSIKER IM KASTEN
Ein Platz an der Sonne

Ohne altmodisch oder langweilig zu sein, glänzen Sonnen liebende Balkon-Klassiker mit reichblühenden, unkomplizierten Sorten in großer Farbauswahl.

ELFENSPIEGEL [1]
Nemesia fruticans
Wuchs: Aufrecht buschig bis leicht überhängend, 40 bis 60 cm lange Triebe
Blüte: Kleine gesporte Blüten in Weiß, Blauviolett, Rosa, Rot, Orange, jeweils mit gelber Mitte, auch zweifarbig
Standort: Sonnig, in Blumenkästen, Schalen, Kübeln oder Ampeln
Pflege: Gleichmäßig mit weichem, kalkfreiem Wasser feucht halten und entsprechend der Einteilung „mittlerer Nährstoffbedarf" düngen (S. 86–89), bei Staunässe reagieren besonders weiße Sorten oft mit Eisenmangel, frühzeitiges Entspitzen der Triebe sorgt für buschigen Aufbau, Verblühtes regelmäßig herausschneiden
Schädlinge: Blattläuse, Weiße Fliege, Thripse (S. 94–95)

ELFENSPORN [2]
Diascia-Hybriden
Wuchs: Aufrecht buschig bis überhängend
Blüte: Rachenblüten in Rosa, Rot, Orange, Lachs oder Blassviolett
Standort: Sonnig, in Blumenkästen, Schalen, Kübeln oder Ampeln, leichter Frost wird vertragen
Pflege: Gleichmäßig mit weichem, kalkfreiem Wasser feucht halten und entsprechend der Einteilung „hoher Nährstoffbedarf" düngen; Eisenmangel, Kümmerwuchs und Fäulnis als Reaktion auf anhaltende Staunässe
Schädlinge & Krankheiten: Blattläuse, Weiße Fliege, Minierfliegen, Grauschimmel

GERANIE, STEHEND [3]
Pelargonium-Zonale-Hybriden
Wuchs: Aufrecht stehend, bis zu 40 cm hoch
Blüte: Überwiegend halb gefüllt/gefüllt blühend in Rot, Rosa, Pink, Violett, Orange oder Weiß, auch zweifarbig oder gefranst
Standort: Sonnig, in Blumenkästen, Schalen oder Kübeln
Pflege: Gleichmäßig feucht halten, mittlerer Nährstoffbedarf, um die Blühfreude aufrechtzuerhalten, regelmäßig verblühte Pflanzenteile herausbrechen, ebenso gefüllte Blüten, die bei anhaltendem Regen bereits mit Fäulnis zu kämpfen haben
Schädlinge & Krankheiten: Blattläuse, Thripse, Spinnmilben, *Xanthomonas*-Bakteriose, Geranienrost, Grauschimmel
Besonderheiten: Balkonpflanze Nr. 1, weil zuverlässig blühend mit hervorragender Fernwirkung sowie trockenheitstolerant

SORTENKARUSSELL Das Sortenkarussell im Bereich der Beet- und Balkonpflanzen dreht sich immer schneller. Was dieses Jahr noch als „in" bezeichnet wird, kann nächstes Jahr schon von Neuzüchtungen überflügelt werden. Aus diesem Grund wird auf diesen und den folgenden Porträtseiten auf spezielle Sortennennungen verzichtet.

GOLDMARIE [4]
Bidens ferulifolia
Wuchs: Aufrecht buschig bis überhängend, stark wachsend
Blüte: Goldgelb mit hoher Fernwirkung und zartem Duft, neu sind auch weiße oder gelb-orange Sorten
Standort: Sonnig, in Blumenkästen, Schalen, Kübeln oder Ampeln
Pflege: Hoher Wasser- und Nährstoffbedarf, Rückschnitt empfehlenswert, falls die Pflanzen zu wuchtig werden
Schädlinge: Weiße Fliege, Thripse

PETUNIE [5]
Petunia-Hybriden
Wuchs: Je nach Sortengruppe kompakt aufrecht bis überhängend, starkwüchsige Hänge-Petunien begeistern mit bis zu 1,50 m langen Trieben
Blüte: Trichterförmig, je nach Sortengruppe in unzählig vielen Farb- und Formvariationen, auch gefüllt blühend
Standort: Sonnig, in Blumenkästen, Schalen, Kübeln oder Ampeln, großblütige Sorten sind wind- und regenempfindlich
Pflege: Hoher Wasser- und Düngebedarf, weiches, kalkfreies Wasser verwenden, junge, hellgelbe Blätter mit grünen Blattadern als Zeichen von Eisenmangel können mit einem speziellen Eisendünger beseitigt werden, im Sommer für buschigen Aufbau die Triebe entspitzen oder für einen Neuaufbau um die Hälfte zurückschneiden, Verblühtes regelmäßig entfernen
Schädlinge & Krankheiten: Blattläuse, Weiße Fliege, Spinnmilben, Echter Mehltau

ZAUBERGLÖCKCHEN [6]
Calibrachoa-Cultivars
Wuchs: Locker hängend bis kugelig tropfenförmig, bis zu 1 m lange Triebe in Ampeln
Blüte: Sehr reichblütig, regenfest, viele Farbvariationen in Rot, Orange, Gelb, Pink, Violett oder Weiß, auch gefüllt blühend
Standort: Sonnig, in Blumenkästen, Schalen, Kübeln oder Ampeln
Pflege: Hoher Wasser- und Düngebedarf, aber Vorsicht vor anhaltender Staunässe, die Zauberglöckchen schnell zusammenbrechen lässt, weiches, kalkfreies Wasser verwenden, junge hellgelbe Blätter mit grünen Blattadern sind ein Zeichen von Eisenmangel
Schädlinge & Krankheiten: Blattläuse, Weiße Fliege, Thripse, Echter Mehltau

EISENKRAUT [7]
Verbena-Hybriden
Wuchs: Buschig bis überhängend
Blüte: Dichte Doldenform in Rot, Rosa, Pink, Orange, Blau, Violett oder Weiß, auch zweifarbig
Standort: Sonnig, in Blumenkästen, Schalen, Kübeln oder Ampeln
Pflege: Balkonpflanzenerde gleichmäßig gut feucht halten, hoher Nährstoffbedarf, verblühte Dolden ausputzen, um die Blühfreude zu erhalten
Schädlinge & Krankheiten: Blattläuse, Weiße Fliege, Spinnmilben, Echter Mehltau

KAPKÖRBCHEN [8]
Osteospermum ecklonis
Wuchs: Aufrecht buschig bis leicht überhängend, bis etwa 50 cm hoch
Blüte: Bis 10 cm große Korbblüten in Violett, Purpurrot, Orange, Gelb oder Weiß mit auffallend purpurvioletter oder blauer Mitte
Blütezeit: Mai bis Oktober
Standort: Sonnig, in Blumenkästen, Schalen, Kübeln oder Ampeln (für überhängende Sorten)
Pflege: Balkonpflanzenerde gleichmäßig gut feucht halten und nach der Einteilung „mittlerer Nährstoffbedarf" düngen, frühzeitiges Entspitzen der Triebe sorgt für einen buschigen Aufbau, Verblühtes regelmäßig herausschneiden
Schädlinge: Blattläuse, Weiße Fliege, Minierfliegen, Thripse

[5]

[6]

[7]

[8]

SOMMER

KÜBELPFLANZEN
mit Wohlfühlfaktor

Sie versprühen mediterranes Flair und sorgen für Frische und Geborgenheit. Kübelpflanzen, ob groß oder klein, gehören auf Balkon oder Terrasse einfach dazu.

WANDELRÖSCHEN [1]
Lantana Camara-Hybriden
Wuchs: Aufrecht buschig, 30 cm bis 1 m hoch, auch als Hochstämmchen
Blüte: Leuchtende Blüten in Orange, Rot, Rosa, Gelb, Violett oder Weiß, oft zwei- oder dreifarbig
Blütezeit: Mai bis Oktober
Standort: Vollsonnig
Pflege: Gleichmäßig gut feucht halten, entsprechend der Einteilung „hoher Nährstoffbedarf" düngen (S. 86–89). Im Sommer Triebe für buschigen Aufbau entspitzen und dunkle Früchte für weitere Blütenbildung entfernen. Vor dem Einräumen lange Triebe zurückschneiden. Überwinterung hell bei 5 bis 10 °C.
Schädlinge: Weiße Fliege, Spinnmilben, Thripse
Besonderheiten: Blüten verändern im Abblühen ständig ihre Farben. Vorsicht: Alle Pflanzenteile sind giftig.

INDISCHES BLUMENROHR [2]
Canna indica
Wuchs: Aufrechte, horstbildende Staude mit knollig verdicktem Wurzelstock, bis zu 2 m hoch
Blüte: Auffällige Blütenstände in leuchtend Rot, Gelb oder Orange
Blütezeit: Juni bis Oktober
Standort: Sonnig
Pflege: Gleichmäßig gut feucht halten und entsprechend der Einteilung „hoher Nährstoffbedarf" düngen. Verblühtes entfernen, um die Blühdauer zu verlängern. Knollen frostfrei überwintern (S. 138–139).
Schädlinge: Blattläuse
Besonderheiten: Durch schnelles Höhenwachstum gut als Sichtschutz geeignet

OLEANDER [3]
Nerium oleander
Wuchs: Locker aufrecht bis ausladend, je nach Alter 2 bis 4 m hoch und 1 bis 3 m breit, immergrün
Blüte: Einfach, halb oder gefüllt in Weiß, Rosa, Rot, Gelb, viele gefüllte Sorten duften
Blütezeit: Juli bis Oktober
Standort: Vollsonne, am besten vor einer hellen Südwand
Pflege: Gleichmäßig gut feucht halten, es darf auch Wasser im Untersetzer stehen. Hoher Nährstoffbedarf. Rückschnitt von einzelnen älteren Trieben, um den Neuaustrieb zu fördern. Keine frisch gebildeten oder alten Blütenstände wegschneiden, denn daraus entwickelt sich der erste Flor im nächsten Jahr. Überwinterung hell und luftig bei 5 bis 10 °C.
Schädlinge & Krankheiten: Schildläuse, Blattläuse, Spinnmilben, Oleanderkrebs (Bakterienerkrankung)
Besonderheiten: In allen Teilen giftig

BOUGAINVILLEE [4]
Bougainvillea glabra
Wuchs: Kletterstrauch, klimmend, kann 3 bis 4 m hoch werden
Blüte: Farbwirkung durch Hochblätter in Violett, Rot, Rosa, Gelb-Orange oder Weiß
Blütezeit: Mai bis September
Standort: Sonnig
Pflege: Rankhilfe geben, gleichmäßig gut feucht halten, entsprechend der Einteilung „hoher Nährstoffbedarf" düngen. Vor der Überwinterung lange Triebe zurückschneiden. Überwinterung hell bei 5 bis 10 °C.
Schädlinge: Weiße Fliege, Schildläuse, Spinnmilben
Besonderheiten: Versprüht mediterranes Flair, tolle Leuchtkraft der Hochblätter

ENGELSTROMPETE [5]
Brugmansia suaveolens
Wuchs: Aufrecht strauchförmig, je nach Alter bis zu 3 m hoch und breit
Blüte: Trompetenförmig, bis zu 50 cm in Weiß, Gelb, Gelb-Orange oder Rosa
Blütezeit: Juni bis Oktober
Standort: Sonnig
Pflege: Sehr hoher Wasser- und Nährstoffbedarf. Kräftiger Rückschnitt im Herbst möglich. Überwinterung hell oder dunkel bei 5 bis 10 °C.
Schädlinge: Weiße Fliege, Spinnmilben
Besonderheiten: In allen Teilen sehr giftig

SCHMUCKLILIE [6]
Agapanthus-Cultivars
Wuchs: Aufrechte, horstbildende Staude mit fleischigen Wurzeln, bis zu 1 m hoch, immergrün
Blüte: Blütenkugeln auf langen Stielen in Blau oder Weiß
Blütezeit: Juli bis August
Standort: Vollsonnig bis leicht halbschattig
Pflege: Gleichmäßig feucht halten. Mittlerer Nährstoffbedarf. Überwinterung hell bei 5 bis 10 °C, bei dunklem Stand zieht die Pflanze im Winter ein, die Blüte verzögert sich dann im folgenden Frühjahr.

Krankheiten: Fäulnispilze bei Staunässe, ansonsten sehr robust
Besonderheiten: Seltenes Umtopfen fördert Blühwilligkeit

ZITRONE [7]
Citrus limon
Wuchs: Strauch- oder baumförmig, bis zu 2 m hoch, immergrün
Blüte: Weiß bis cremefarben, intensiv duftend
Blütezeit: Ganzjährig
Standort: Sonnig
Pflege: Benötigt spezielle Zitruserde wegen des höheren Eisenanteils. Gleichmäßig mit weichem, kalkfreiem Wasser feucht halten, mittlerer Nährstoffbedarf. Junge hellgelbe Blätter mit grünen Blattadern sind ein Zeichen von Eisenmangel (S. 88–89). Rückschnitt von sparrigen Trieben jederzeit möglich. Überwinterung hell und luftig bei 5 bis 10 °C.
Schädlinge: Weiße Fliege, Blatt-, Woll- und Schildläuse, Spinnmilben

DAHLIE [8]
Dahlia-Cultivars
Wuchs: Aufrecht buschig, horstbildend, 30 bis 60 cm hoch
Blüte: Einfach, halb- oder ganz gefüllt, leuchtend in Gelb, Orange, Rosa, Rot oder Violett, mehrfarbig, viele Farb- und Formvariationen
Blütezeit: Mai bis Oktober
Standort: Sonnig
Pflege: Gleichmäßig gut feucht halten, hoher Nährstoffbedarf. Verblühtes entfernen, um die Blühdauer zu verlängern. Knollen frostfrei überwintern (S. 138–139).
Schädlinge & Krankheiten: Blattläuse, Spinnmilben, Grauschimmel, Echter Mehltau
Besonderheiten: Sie werden anhand ihrer Blütenform in Gruppen unterschieden: Pompon-, Schmuck-, Kaktus-, Halskrausen-, Seerosen-, Hirschgeweih-, Ball-, Migon-Dahlien, Anemonenblütige Dahlien

[5]

[6]

[7]

[8]

SOMMER

[a]

[b]

DAS IST
wirklich
WICHTIG

[a] ALS MULCH wurde hier Orchideenerde verwendet. Die charmante Kräuterkombination in Miniaturformat erhält dadurch noch mehr Naturnähe.

[b] REIN INS KÖRBCHEN Schon das Gefäß wirkt rustikal und natürlich schön.

[c] NICHT NUR FÜR INSEKTEN, auch für Sie bietet diese Bepflanzung einige Leckereien. Die Blüten der Ringelblume beispielsweise sind essbar und machen sich gut als Verzierung in frischen Sommersalaten.

[d] DIE DAHLIE LEUCHTET SO HELL, na, wenn da keine Insekten angelockt werden? Noch dazu verströmt die Vanilleblume einen herrlichen Duft.

[c]

[d]

IM INSEKTEN-BISTRO NUR NATÜRLICHE PRÄPARATE VERWENDEN.

INSEKTEN-BISTRO

Kreationen für Biene & Co.

Wenn Sie Balkon oder Terrasse als naturnah bepflanzte Blumeninsel gestalten, dürfen Sie schon bald eine ganze Reihe nützlicher Insekten wie Bienen, Hummeln, Schwebfliegen oder Schmetterlinge begrüßen.

Wir alle können auch im Kleinen etwas dafür tun, dass das in den letzten Jahren zugenommene Bienensterben nicht weiter fortschreitet. Statten Sie doch einfach Balkon oder Terrasse mit einem naturnahen Pflanzensortiment aus. Synthetisch hergestellte chemische Pflanzenschutzmittel gelten je nach Wirkstoff oft als stark bienengefährdend und sollten deshalb auch komplett tabu sein. Es gibt ausreichend Alternativen, die für Bienen unbedenklich sind (S. 92–93).

STAUDEN UND SOMMERBLUMEN
Gute Nährpflanzen für Bienen und Schmetterlinge sind gebietsheimische Stauden oder einjährige, selbst ausgesäte Sommerblumen in allen Variationen wie Mohn, Ringelblumen, Kornblumen, Kosmee, Malven oder auch einfach blühende Dahlien und Studentenblumen. Sie alle gedeihen prächtig in Töpfen und Blumenkästen. Stellen Sie die bienenfreundlichen Pflanzenarten nach Blütezeitpunkt sorgfältig zusammen, damit auf Ihrem Balkon kontinuierlich etwas blüht. Besonders wichtig ist das Angebot pollentragender Pflanzen im Sommer und Herbst. Denn dann sind für Bienen in vielen Gärten und in der Natur im Vergleich zum Frühling deutlich weniger Blüten zu finden.

BALKONPFLANZEN UND KRÄUTER
Auch unter den Balkonpflanzen-Klassikern befinden sich eine ganze Reihe bienenfreundlicher Arten und Sorten. Achten Sie beim Kauf auf ungefüllte Blüten, denn nur sie liefern die begehrte Bienennahrung. Zu ihnen gehören Prachtkerze, Fächerblume, Vanilleblume, Portulakröschen oder Männertreu sowie als Sommertopfpflanzen die üppig blühenden Kokardenblumen, Sonnenhut und Sonnenauge.

Auch die Blüten beliebter Küchenkräuter wie Salbei, Thymian, Lavendel, Schnittlauch, Borretsch oder Basilikum sind bei Bienen, Hummeln und Schmetterlingen heiß begehrt.

PFLANZBEISPIELE MIT BALKONPFLANZEN
Und so könnte eine naturnahe Balkonbepflanzung aussehen: Der geflochtene Korb bietet bereits das richtige Ambiente. In seiner Mitte thront die Schwarzäugige Susanne in luftiger Höhe. Ringsherum gesellen sich typische bienenfreundliche Balkonblumen wie Wandelröschen, Vanilleblume, Kosmee oder Ziersalbei hinzu. Besonders das gelbe Wandelröschen wird gerne von Hummeln als Landeplatz angeflogen [→b]. Die frisch gepflanzte Kräuterkomposition im Miniformat aus einem kriechenden Thymian, einer polsterbildenden Minze, einem Lavendel und einem Blau-Schwingel eignet sich gut für Regale oder als Tischschmuck [→a]. Noch wirkt die in unterschiedlichen Blau- und Grüntönen charmant scheinende Bepflanzung recht unaufgeregt. Aber schon bald wird auch hier ein reges Treiben herrschen, wenn Lavendel und Thymian ihre Lippenblüten zum Bestäuben nach oben strecken. Ein Leckerbissen für alle Nektar- und Pollenliebhaber: Die orangen Ringel- und Studentenblumen wirken durch die ebenfalls gelblich orange Blütenmitte der rosa Chrysantheme farblich schön aufeinander abgestimmt [→c]. Mit ihrem sanften dezenten Grün beruhigen Salbei und Oregano die Mitte des Balkonkastens.
Dahlie, Zinnie, Vanilleblume und die hängende Schneeflockenblume zeigen hier im blauen Übertopf einen schönen farblichen Kontrast [→d]. Es wird nicht lange dauern, bis auch diese schöne Kombination von zahlreichen Insekten angeflogen wird.

SOMMER

[a]

[b]

DAS IST
wirklich
WICHTIG

[a] DIE BUNTNESSEL 'NEON' bringt auch schattige Balkonlagen zum Leuchten. Ein wahrlich gut gewählter Pflanzenname.

[b] FRISCH GEPFLANZT Noch leises „Schattengeflüster" zwischen Freiland-Begonie, Fuchsie und dem Fleißigen Lieschen.

[c] HORTENSIEN bieten eine enorme Farb- und Formenvielfalt, die bereits durch die unterschiedliche Öffnung der Blüten, wie hier bei der Teller-Hortensie, gut zur Geltung kommt.

[d] NEBEN EINEM LEBHAFTEN FARBKONTRAST bringt diese Schattenkomposition dank der lila Vanilleblume auch Duft mit ins Spiel.

[c]

[d]

62

GLANZPUNKTE

Blütenjuwelen im Schatten

An so manchen heißen Sommertagen ist man dankbar für ein schattiges Plätzchen in frischer Luft und blütenreicher Umgebung. Mit Schattenspezialisten können Sie auch dunklere Balkonlagen noch farbenfroh zum Leuchten bringen.

PFLANZENJUWELEN FÜR DEN SCHATTEN

Von wegen „Im Schatten wächst doch eh nichts". Richtig ist wohl, dass sonnenhungrige Dauerblüher wie Petunien, Eisenkraut oder Zauberglöckchen sich an schattigen Standorten alles andere als wohlfühlen und daher nie die ersehnte Blütenpracht entwickeln. Doch obwohl im Schatten die Pflanzenauswahl deutlich eingeschränkt ist, haben Sie dank eines großen Sortenspektrums noch genug Auswahl, um attraktive Blütenkombinationen zu schaffen. Denn neben echten Schattenjuwelen wie Fuchsien, Freiland-Begonien und Fleißigen Lieschen fühlen sich auch Männertreu, Pantoffelblume und Kapuzinerkresse hier trotz weniger Sonnenstrahlen pudelwohl und bringen zahlreiche leuchtende Blütenfarben hervor. Attraktive und pflegeleichte Blattschmuckpflanzen wie die farbenfrohen Buntnesseln, Ziertabak, Gundermann oder Heuchera sind ebenso mit von der Schattenpartie. Hortensien, Azaleen oder Rhododendren überzeugen als Solitärpflanzen auch in dunkleren Ecken. Besonders die Hortensien erleben in den letzten Jahren eine steile Karriere als Topfpflanze.

WENIGER WASSER IST MEHR

Da viele für den Schatten geeignete Pflanzengattungen weichere, empfindlichere Blätter haben, reagieren sie unmittelbar nach dem Rausstellen oder nach der Bepflanzung sensibel auf intensive Sonneneinstrahlung, selbst wenn es nur wenige Minuten sind. Vermeiden Sie deshalb die direkte Sonne für derartige Bepflanzungen.
Auf schattigen Balkonen müssen die Pflanzen in der Regel weniger gegossen werden, die bereits genannten größeren Solitärpflanzen mal ausgenommen. Denn ohne direkte Sonneneinstrahlung trocknen die Substrate in Kästen und Kübeln nicht so schnell aus. Abseits der Sonne besteht eher

die Gefahr, dass zu viel gegossen wird. Dabei führt dauerhafte Vernässung oft zu bodenbürtigen Pilzkrankheiten an den Wurzeln und somit zum Absterben Ihrer Pflanzen.

SCHATTENKOMPOSITIONEN STELLEN SICH VOR

Im ersten Balkonkasten spielt eine hellgrüne Buntnessel die Hauptrolle [→a]. Die Sorte 'Neon' überzeugt mit ihrer Leuchtkraft und bringt den Balkonkasten zum Strahlen. Ihre Farbe kommt durch die dunkle Blattfärbung der beiden rot blühenden Hänge-Begonien richtig gut zur Geltung.
Ton in Ton in einem roten Farbverlauf kombiniert [→b], wirkt diese Schattenkomposition angenehm harmonisch. Schon bald werden die unterschiedlichen Wuchs- und Blütenformen weitere Akzente setzen. Rechts und links bereits kräftig blühend, schmücken Freiland-Begonie und Fleißiges Lieschen die Flanken, während die Fuchsie in der Mitte des Balkonkastens noch etwas auf ihre zarten Blütenlaternen warten lässt. Ihre Knospen sind aber schon gut sichtbar.
Eine Hortensie mit ihren großen Blüten wirkt für sich [→c]. Als wahrer Star benötigt sie viel Aufmerksamkeit, alleine schon wegen ihrer Vorliebe für tägliche Wassergaben. Die Mühe lohnt sich, denn mit ihrem Farb- und Formenreichtum überzeugt sie auch an einem geschützten, schattigen Standort. Spannungsreich liefern sich bereits jetzt die zwei rot-orangefarbenen Hänge-Begonien mit der blauen Vanilleblume und der Buntnessel einen lebhaften Farbkontrast [→d]. Farblich mit dem Balkonkasten abgestimmt, erscheinen die panaschierten farbenfrohen Blätter der Buntnessel besonders aufhellend in schattiger Balkonlage. Die kontrastreiche Zeichnung in leuchtendem Grün und edlem Burgunderrot wirkt wie gemalt.

SOMMER

PFLANZENJUWELEN
für den Schatten

Die Auswahl für den Schatten ist nicht ganz so üppig, doch dank eines großen Sortenspektrums überzeugen hier schöne Balkonpflanzen mit leuchtenden Blüten oder attraktivem Laub.

HORTENSIE [1]
Hydrangea macrophylla
Wuchs: Dicht buschig, breit kugelig oder trichterförmig, mit einer Höhe bis zu 2 m
Blüte: Ball- oder schirmförmige Blüten in Blau, Rot, Rosa, Weiß oder Grün, teils außergewöhnliche Farbmischungen
Blütezeit: Mai (vorgezogen) bis September
Standort: Halbschattig bis schattig, in großen Töpfen oder Kübeln
Pflege: Spezielle Hortensienerde, gleichmäßig und ausreichend mit kalkarmem Regenwasser feucht halten, entsprechend der Einteilung „mittlerer Nährstoffbedarf" düngen (S. 86–89). Verblühtes regelmäßig entfernen. Nach dem Laubfall im Herbst Wassergaben stark reduzieren, frostfrei bei 5 bis 10 °C hell überwintern. Rückschnitt nur bis Ende Juni!
Schädlinge: Blattläuse, Spinnmilben, Weiße Fliege
Besonderheiten: Hortensienerde mit niedrigem pH-Wert und Hortensiendünger mit Aluminium sorgen dafür, dass blaue Blüten ihre Farbe behalten und nicht rosa werden.

VANILLEBLUME [2]
Heliotropium arborescens
Wuchs: Aufrecht bis buschig, 30 cm bis 1,20 m hoch als Hochstamm gezogen
Blüte: Blauviolette Blüten in Trugdolden
Blütezeit: Mai bis Oktober
Standort: Halbschattig, in Blumenkästen, Schalen oder Kübeln. Wind- und regengeschützt aufstellen!
Pflege: Gleichmäßig feucht halten und entsprechend der Einteilung „mittlerer Nährstoffbedarf" düngen. Regelmäßiges Entfernen der abgeblühten Blütenstände fördert die Blühwilligkeit. Hochstämmchen hell bei 5 bis 10 °C überwintern.
Schädlinge & Krankheiten: Blattläuse, Spinnmilben, Weiße Fliege, Grauschimmel
Besonderheiten: Duftet nach Vanille

BUNTNESSEL [3]
Plectranthus scutellarioides
Wuchs: Aufrecht buschig, farbenprächtige, kontrastreiche Zeichnungen, beispielsweise in leuchtendem Grün oder edlem Burgunderrot, Höhe etwa 30 bis 60 cm
Blüte: In Hellviolett oder Weiß, unscheinbar
Blütezeit: Juni bis September
Standort: Halbschattig, in Blumenkästen, Schalen oder Kübeln
Pflege: Gleichmäßig gut feucht halten und entsprechend der Einteilung „hoher Nährstoffbedarf" düngen. Haupttriebe frühzeitig und regelmäßig entspitzen, später sehr pflegeleicht.
Schädlinge: Weiße Fliege, Blattläuse, Spinnmilben
Besonderheiten: Bei zu dunklem Stand verblasst die Blattzeichnung.

ZIERTABAK [4]
Nicotiana alata
Wuchs: Aufrecht buschig, bis zu 80 cm hoch
Blüte: Sternartig in Gelb, Weiß, Rot, Rosa
Blütezeit: Mai bis September
Standort: Lichter Halbschatten, in Blumenkästen, Schalen oder Kübeln
Pflege: Gleichmäßig feucht halten, hoher Nährstoffbedarf. Haupttriebe frühzeitig entspitzen, regelmäßig Verblühtes ausputzen, um die Blütezeit zu verlängern oder verblühte Triebe im Juli für Folgeflor komplett zurückschneiden.
Schädlinge: Weiße Fliege, Blattläuse, Spinnmilben
Besonderheiten: In allen Teilen giftig

FUCHSIE [5]
Fuchsia-Cultivars
Wuchs: Aufrecht strauch- oder baumförmig bis überhängend, je nach Sorte und Kulturform 30 cm bis 1,20 m hoch
Blüte: Einfache, halb gefüllte oder gefüllte Blütenlaternen in Rosa, Rot, Violett oder Weiß, auch mehrfarbig. Die Dreiteilung der Blüten in Kelch, Krone und Staubgefäße bietet viele Farbvariationen.
Blütezeit: Mai bis September
Standort: Halbschatti bis schattig, in Blumenkästen, Schalen, Kübeln oder Ampeln
Pflege: Balkonpflanzenerde gleichmäßig feucht halten und entsprechend der Einteilung „mittlerer Nährstoffbedarf" düngen. Den Fruchtansatz regelmäßig entfernen, um die Blühwilligkeit zu fördern. Büsche oder Hochstämmchen hell bei 4 bis 8 °C überwintern, vorher Düngung einstellen und Pflanzen in Form schneiden, aber nicht zu tief ins alte Holz.
Schädlinge & Krankheiten: Weiße Fliege, Blattläuse, Spinnmilben, Grauschimmel, Fuchsienrost

MÄNNERTREU [6]
Lobelia erinus
Wuchs: Rundlich buschig bis überhängend, Höhe bis 25 cm, hängende Sorten zeigen bis zu 50 cm lange Triebe
Blüte: Zahllose kleine Blüten in Blau, Violett, Rosa oder Weiß, auch zweifarbig
Blütezeit: Mai bis Oktober (Sorten aus vegetativer Vermehrung), Saatgutsorten blühen meist nur bis Ende August
Standort: Halbschattig, in Blumenkästen, Schalen, Kübeln oder Ampeln. Sorten für sonnige Standorte sind ebenfalls verfügbar.
Pflege: Gleichmäßig feucht halten, Ballentrockenheit und Staunässe vermeiden. Der Nährstoffbedarf ist niedrig.
Schädlinge: Weiße Fliege, Thripse

FLEISSIGES LIESCHEN [7]
Impatiens walleriana
Wuchs: Aufrecht buschig, bis zu 50 cm hoch
Blüte: Einfach, halb- oder gefüllt blühend in Rosa, Rot, Orange, Violett oder Weiß. Gefüllte Blüten wirken wie kleine Röschen.
Blütezeit: Mai bis Oktober
Standort: Halbschattig, in Blumenkästen, Schalen oder Kübeln
Pflege: Gleichmäßig feucht halten, niedriger Nährstoffbedarf. Regelmäßig Verblühtes ausputzen, sparrig gewordene Triebe im Spätsommer zurückschneiden!
Schädlinge & Krankheiten: Blattläuse, Spinnmilben, Thripse, Falscher Mehltau. Serie SUNPATIENS™ ist mehltaufrei.

FREILAND-BEGONIE [8]
Begonia-Cultivars (Elatior-Gruppe)
Wuchs: Aufrecht stehend, halb hängend oder stark überhängend
Blüte: Einfach oder gefüllt blühend in unterschiedlichen Größen in Rot, Rosa, Orange, Gelb oder Weiß
Blütezeit: Mai bis Oktober
Standort: Halbschattig bis schattig, in Blumenkästen, Schalen, Kübeln oder Ampeln. Regen- und windgeschützt aufstellen!
Pflege: Gleichmäßig gut feucht halten und entsprechend der Einteilung „mittlerer Nährstoffbedarf" düngen. Regelmäßig Verblühtes entfernen!
Schädlinge & Krankheiten: Blattläuse, Grauschimmel, Echter und Falscher Mehltau

[5]

[6]

[7]

[8]

SOMMER

[a]

[b]

DAS IST
wirklich WICHTIG

[a] SIEGESSICHER LEUCHTEN die Fetthenne 'Gold Mount' und das Pfennigkraut 'Goldilocks' (Mitte vorne) um die Wette.

[b] DER BLAU-ROTE FARBKONTRAST von Hänge-Geranien und Männertreu wirkt besonders lebhaft.

[c] EIN STOCKWERK TIEFER liefert die Geranie 'Gran Gala Purple Spark' passend zum pinkfarbenen Kübel eine wahre Farbexplosion. Die zarten rosafarbenen und weißen Eis-Begonien ergänzen das harmonische Gesamtbild.

[c]

BALKONBEPFLANZUNG

mit wenig Durst

Auf sonnigen Südbalkonen empfehlen sich genügsame Balkonpflanzen, die auch mal eine leicht trockene Kehle vertragen, ohne gleich alle Blätter und Blüten von sich zu werfen.

WASSERBEDARF: WER BRAUCHT WIE VIEL?

Balkonpflanzen unterscheiden sich in ihrem Wasserverbrauch deutlich. Das wird Sie auch nicht weiter verwundern. Denn es ist einleuchtend, dass die art- und sortenbedingte Wuchsstärke und damit die Pflanzengröße den Wasserbedarf wesentlich mitbestimmen. Die absoluten Spitzenreiter im Wasserverbrauch sind stark wachsende Sorten von Petunien, Goldzweizahn oder Eisenkraut. An einem heißen Sommertag werden hier für einen Balkonkasten von 1 m Länge schnell mal bis zu acht Liter Wasser fällig. Wahre Schluckspechte also, deren Durst Sie mit einigem Gießaufwand stillen dürfen.
Dagegen entsprechen die aus Trockengebieten stammenden Geranien mit mittlerem bis niedrigem Wasserverbrauch ihren Herkunftsbedingungen. Ein absoluter Pluspunkt für die Geranien als Klassiker auf Ihrem Balkon. Und es muss auch nicht immer die orange-rote, stehende Geranie sein, die Sie noch von Omas Balkon kennen. Die Farben- und Formvielfalt ist gerade im Geranien-Sortiment riesig! Und es gibt noch mehr Balkonpflanzen, die mit einem niedrigen Wasserverbrauch punkten können: die Eis-Begonien zum Beispiel. Sie machen mittlerweile auch auf Balkon und Terrasse mit halb hängendem Wuchs oder außergewöhnlichen Blüten eine gute Figur. Das Portulakröschen oder das Löwenmäulchen sind ebenfalls Arten, die mit weniger Wasser zurechtkommen. Genauso wie der blau blühende Männertreu und die Fächerblume.

DEN SÜDBALKON BEPFLANZEN

Auf einem windexponierten Südbalkon, wo die Sonne richtig auf die Bepflanzung knallt, können Sie ohne Übertreibung von einem Extremstandort ausgehen. Und dennoch lassen sich auch dort schöne Arrangements anpflanzen, die nicht jeden Tag zweimal nach Wasser schreien. Wichtig ist bereits die Substratauswahl: Verwenden Sie am besten eine Erde, die neben Torf auch gut wasserhaltenden Ton enthält. Im Balkonkasten [→b] verzücken zwei hängende Geranien namens 'Mary', deren tief dunkles Rot seinesgleichen sucht. Mit dunkelblau blühendem Männertreu bilden sie einen knalligen Kontrast. Im orangefarbenen Balkonkasten [→a] sitzen gemütlich zwei Fetthennen (*Sedum mexicanum* 'Gold Mount'), die mit ihren dickfleischigen Blättern bereits kurz nach der Pflanzung ein imposantes Wachstum zeigen. Mit Portulakröschen sorgen Sie für kleine Farbtupfer. Das Pfennigkraut 'Goldilocks' schafft kaskadenartig eine schöne Verbindung zum tieferen Stockwerk. Im Erdgeschoss thront 'Gran Gala Purple Spark' im farblich passenden Kübel, als stehende Geranie mit dieser intensiven Blütenfärbung ein echter Hingucker [→c]. Die Ihnen bereits bekannte Fetthenne und eine hängende rötlich pinke Geranie passen schön dazu. Eis-Begonien im zarten Rosa oder Weiß runden das Gesamtbild ab. Sie brauchen am wenigsten Wasser in diesem Ensemble.

SUKKULENTEN – DIE ECHTEN TROCKENKÜNSTLER Nicht nur für Gießmuffel sind pflegeleichte Sukkulenten wie Hauswurz oder Fetthenne ein Highlight im Topfgarten. Ohne Starallüren kommen sie selbst im heißesten Sommer in praller Sonne fast ohne Wasser aus, da ihre starken Blattwände kaum Wasser verdunsten. Zudem legen sie in ihren dicken Blättern Wasservorräte an, die sie bei Trockenheit bequem anzapfen können. In Terrakotta-Schalen gepflanzt, schmücken sie kleinste Ecken und versprühen dabei südländisches Flair.

SOMMER

[1]

ECHTE WASSERSPARER
Hier ist wenig zu gießen

Neben gut funktionierenden Gießsystemen ist auch die Pflanzenauswahl entscheidend, ob auf sonnigen Südbalkonen bereits bei etwas Durst die Blätter hängen gelassen werden oder nicht.

[2]

[3]

PORTULAKRÖSCHEN [1]
Portulaca grandiflora
Wuchs: Flach wachsend bis kriechend
Blüte: Einfach oder gefüllt blühend in kräftigem Rot, Pink, Gelb, Orange oder Weiß, Blüten öffnen nur bei Sonnenschein
Blütezeit: Mai bis August
Standort: Sonnig, in Blumenkästen oder Schalen
Pflege: Der Wasser- und Nährstoffbedarf ist niedrig, dennoch die Erde nie ganz austrocknen lassen. Verblühte Pflanzenteile entfernen, um die Blütezeit zu verlängern.

EIS-BEGONIE [2]
Begonia-Cultivars (Semperflorens Gruppe)
Wuchs: Kompakt buschig, 20 bis 30 cm hoch
Blüte: Farbvariationen in Rosa, Rot oder Weiß, auch zweifarbig
Blütezeit: April bis Oktober
Standort: Sonnig, in Blumenkästen, Schalen oder Kübeln
Pflege: Der Wasser- und Nährstoffbedarf ist niedrig, dennoch die Erde nie ganz austrocknen lassen. Verblühtes entfernen, um Fäulnis zu vermeiden.
Krankheiten: Echter Mehltau
Besonderheiten: Durch ihre fleischigen Blätter sind Eis-Begonien tolerant gegenüber Trockenheit und Schädlingen.

LÖWENMÄULCHEN [3]
Antirrhinum-Majus-Hybriden
Wuchs: Aufrecht buschig oder überhängend, 20 cm bis 1 m hoch, kompakte Sorten wählen (Zwerglöwenmäulchen)
Blüte: Lippenartige Blüten in Gelb, Rosa, Rot, Orange oder Weiß, auch mehrfarbig
Blütezeit: Mai bis Oktober
Standort: Sonnig, in Blumenkästen, Schalen, Kübeln oder Ampeln – Wuchscharakter bei Sortenwahl beachten!
Pflege: Der Wasserbedarf ist niedrig, dennoch die Erde nie ganz austrocknen lassen und entsprechend der Einteilung „mittlerer Nährstoffbedarf" düngen (siehe S. 86–89). Entspitzen sorgt für buschigen Wuchs. Verblühtes hin und wieder entfernen, um Samenansatz und damit verbunden eine abnehmende Blühfreude zu vermeiden.
Schädlinge & Krankheiten: Blattläuse, Grauschimmel, Rostpilze
Besonderheiten: Gut geeignet für die Selbstaussaat am Fensterbrett (S. 10–13), Blüten locken Bienen und Schmetterlinge an

GERANIE, HÄNGEND [4]
Pelargonium-Peltatum-Hybriden
Wuchs: Buschig überhängend, mit einer Trieblänge bis zu 1,50 m
Blüte: Überwiegend einfach blühend in Rot, Rosa, Pink, Violett oder Weiß, auch zweifarbig

[4]

Blütezeit: Mai bis Oktober
Standort: Sonnig, in Blumenkästen, Schalen, Kübeln oder Ampeln
Pflege: Erde gleichmäßig feucht halten und entsprechend der Einteilung „mittlerer Nährstoffbedarf" düngen. Um die Blühfreude aufrechtzuerhalten, regelmäßig verblühte Pflanzenteile herausbrechen.
Schädlinge & Krankheiten: Blattläuse, Thripse, Spinnmilben, *Xanthomonas*-Bakteriose, Geranienrost, Grauschimmel, Korkwucherungen (auf Blattunterseite durch übermäßige Wassergaben)
Besonderheiten: Trockenheitstolerant, zuverlässig blühend, kräftige Farben mit hervorragender Fernwirkung

ALOE VERA [5]
Aloe vera

Wuchs: Rosettenbildend mit fleischigen Blättern, 50 bis 70 cm hoch
Blüte: Gelber Blütenstand in Traubenform in 60 bis 90 cm Höhe
Blütezeit: Juli bis August
Standort: Vollsonnig, in Schalen, Kübeln und Trögen
Pflege: Der Wasser- und Nährstoffbedarf ist niedrig. In durchlässige Erde pflanzen, Überwinterung hell und kühl bei 5 bis 10 °C.
Schädlinge: Wurzel- und Wollläuse
Besonderheiten: Der Saft der sukkulenten Blätter soll sich heilend auf die Haut auswirken.

HAUSWURZ [6]
Sempervivum tectorum

Wuchs: Dichte, polsterbildende Rosettenpflanze mit dickfleischigen, grünen, roten oder bläulichen Blättern, winterhart
Blüte: Sternförmige Blüten in Purpurrot, Rosa, Gelb oder Weiß. Völlig ausgepowert stirbt die Rosette nach der Blüte ab, hat vorher aber bereits für zahlreiche Kindel gesorgt.
Blütezeit: Juli bis September
Standort: Vollsonnig, in Schalen, Trögen oder ausrangierten Töpfen
Pflege: Der Wasser- und Nährstoffbedarf ist sehr niedrig. In durchlässige Erde pflanzen.
Besonderheiten: Völlig anspruchslos und keine Probleme mit Schädlingen oder Krankheiten. Viele weitere Arten, wie beispielsweise der Spinnweben-Hauswurz (*Sempervivum arachnoideum*), dessen Blattrosetten wie von Spinnwebhaaren überzogen aussehen.

SCHARFER MAUERPFEFFER [7]
Sedum acre

Wuchs: Polsterbildend und kriechend, mit dickfleischigen blassgrünen Blättern in die Breite wachsend, winterhart
Blüte: Sternförmig in leuchtendem Gelb
Blütezeit: Juni bis Juli
Standort: Vollsonnig, in Schalen, Trögen oder ausrangierten Töpfen
Pflege: Der Wasser- und Nährstoffbedarf ist sehr niedrig. In durchlässige Erde pflanzen.
Besonderheiten: Praktisch ohne Pflegeaufwand und keine Probleme mit Schädlingen oder Krankheiten. Vorsicht: Der Pflanzensaft kann Hautreizungen verursachen.

PORZELLANBLÜMCHEN [8]
Saxifraga umbrosa

Wuchs: Kompakt polsterbildend und rosettenbildend, winterhart
Blüte: Zarte weiße bis weißlich rosa Blüten auf Stielen
Blütezeit: Juni bis August
Standort: Halbschattig, in Schalen, Trögen oder ausrangierten Töpfen
Pflege: Der Wasser- und Nährstoffbedarf ist niedrig. In durchlässige Erde pflanzen.
Schädlinge: Blattläuse
Besonderheiten: Lockt Bienen und Schmetterlinge an. Viele weitere hübsche Arten, die sich im Aussehen und in der Blütezeit stark unterscheiden können.

SOMMER

DAS IST *wirklich* WICHTIG

[a] **BUNT GEMISCHT** macht's richtig Spaß. Nur das Ernten nicht vergessen, denn der Salat fängt bald an zu blühen.

[b] **BIO?-LOGISCH!** Ein Korb voller Bio-Jungpflanzen direkt aus der Gärtnerei oder vom Wochenmarkt. Regionaler geht es nicht!

[c] **WIE IM SCHLARAFFENLAND:** Mit Hängetomaten können Sie auch in der Vertikalen ernten.

[d] **IM SONNENLICHT** strahlen die Blüten der Kapuzinerkresse. Sie schmecken mild-würzig in Salaten oder Kräuterbutter. Auch die Samen sind essbar.

NASCHEN

wird zur Leidenschaft

Überall naschen und wissen, was drin ist. Es geht so einfach, Obst, Gemüse und Kräuter ohne Spritzmittel anzubauen. Regionaler geht es nicht! Und das Beste daran: Die Qualität ist sichtbar und es schmeckt.

BIO VON ANFANG BIS ENDE

Ob Gemüsesetzlinge, junges Naschobst oder Topfkräuter, inzwischen erhalten Sie Jungpflanzen oder das Saatgut in Bio-Qualität [→b]. Damit Bio auch Bio bleibt, können Sie Ihren Naschbalkon auch nach biologischen Gesichtspunkten weiter pflegen. Verzichten Sie auf synthetisch hergestellte mineralische Dünger und die „chemische Keule". Verwenden Sie stattdessen Bio-Erden, organische Dünger und Pflanzenschutzmittel auf natürlicher Basis.

FLIEGENDE FRÜCHTCHEN

Probieren Sie doch auch mal Dinge aus, die auf den ersten Blick nicht der Norm entsprechen. Warum zum Beispiel müssen Tomaten oder Gurken immer aufrecht nach oben wachsen? Genauso gut können Sie halb hängende oder hängende Sorten in eine Ampel setzen und die leckeren Früchte direkt von der Pflanze in den Mund wachsen lassen [→c]. Probieren Sie es aus und erkundigen Sie sich beim Gärtner oder im Internet nach entsprechenden Sorten wie 'Tumbling Jester' und 'Tigress', 'Donna', 'Lizzano', 'Losetto' oder 'Terenzo' mit überhängendem Wuchscharakter.

FRÖHLICHES DURCHEINANDER

Warum Naschobst, Blumen, Kräuter oder Gemüsepflanzen getrennt aufpflanzen? Wenn die jeweiligen Pflanzenansprüche wie Feuchtigkeit, Düngung oder Licht zusammenpassen, dürfen Sie in Naschecken munter loskombinieren [→a]. Buntes Naschgemüse mit süßlich-milder Snackpaprika, in Kübel mit Kohlrabi zusammengepflanzte Salatmischungen, aromatische Kräuter, Blüten zum Garnieren, sonnengereifte Erdbeeren – je bunter, desto besser! Das gefällt auch Bienen, Hummeln oder Schmetterlingen – ein Gaumen- und Augenschmaus für alle!

BLÜTEN SCHMECKEN

Es könnte Sie schon etwas Überwindung kosten, sich eine knallig rot-orange Blüte der Kapuzinerkresse in den Mund zu führen [→d]. Wer aber diese anfängliche Hemmung überwindet, dem eröffnet sich ein weites Feld kulinarischer Genüsse. Denn die Vielfalt an essbaren Blüten ist groß, genauso wie die Möglichkeiten ihrer Verwendung in Salaten, Suppen oder Süßspeisen. Neben bekannten Gemüse- oder Gewürzpflanzen wie Artischocken- oder Borretschblüten fasziniert auch die Fülle an essbaren Zierpflanzen aus dem Balkonkasten. Ob Kapuzinerkresse, Duftpelargonien, Gewürz-Tagetes, Taglilien, Ringelblumen oder Kornblumen, sie alle und viele andere mehr bieten ausreichend Material für ein kulinarisches Naschwagnis. Die Anlage eines Blütennaschecks auf Balkon oder Terrasse geht schnell und dann wird frisch geerntet. Bei aller Experimentierfreude: Finger weg von verlockend aussehenden Blüten, die zu den Giftpflanzen gehören, wie beispielsweise die Akelei im Frühling, die Engelstrompete im Sommer oder die Christrose im Winter.

BESONDERE NASCHEREIEN

In jede Nascheke gehören auch ein paar Obstraritäten, seltene Exemplare, die nicht jeder auf dem Balkon hat. Kompakt bleibendes Spalier- oder Säulenobst funktioniert ebenso wunderbar im Kübel. Ein Johannisbeer-Hochstämmchen zum Beispiel zeigt sich höchst dekorativ und präsentiert zudem zuverlässig leckerste Früchtchen. Auch beim Gemüse warten noch viele Naschjuwelen wie Andenbeere, Litschi-Tomate oder Zwerg-Tamarillo, die entdeckt werden wollen.

SOMMER

VIEL ERNTEN?
Darauf kommt es an

Auch Ihre Naschpflanzen benötigen viel Aufmerksamkeit.
Wie viel Pflegeaufwand tatsächlich anfällt, entscheiden Sie bereits
bei der Sortenauswahl.

Allgemeine Pflegearbeiten wie Gießen, Düngen oder Ausputzen gehören zum regelmäßigen Umsorgen Ihrer Naschpflanzen dazu. Schließlich bringen insbesondere nährstoffbedürftige Gemüsearten nur ihre Leckereien hervor, wenn sie auch ausreichend mit Wasser und allen wichtigen Nährstoffen versorgt werden. Inwieweit aber der Pflegeaufwand darüber hinausgeht, ist stark abhängig von den jeweiligen Sorten, die Sie als Saatgut oder Jungpflanze gewählt haben.

Spezielle Kultur- und Pflegetipps für die wichtigsten Gemüse-, Kräuter- oder Obstpflanzen im Balkon- und Terrassenbereich finden Sie übrigens im Detail auf den entsprechenden Porträtseiten.

DER WUCHSCHARAKTER BESTIMMT DIE PFLEGESTUFE
Bereits bei der Sortenauswahl entscheiden Sie, welche Pflegestufe Sie Ihren Naschpflanzen später anbieten werden. Auf Balkon und Terrasse sind in erster Linie kleinwüchsige Sorten gefragt, die sich im Balkonkasten oder Kübel wohlfühlen.

Mini-Gemüse
Stark wachsende Gurken oder Zucchini beispielsweise sind kaum zu zügeln und Sie würden mit der Pflege in Form von ständigem Gießen, Düngen oder Aufbinden

kaum hinterherkommen. Mini-Sorten aber, ob im Balkonkasten oder in der Ampel, das funktioniert mit wenig Aufwand! Bei Tomaten sieht es ähnlich aus: Stabtomaten im Kübel, die stattliche zwei Meter hoch werden können, bringen höhere Erträge als kompakt bleibende Balkontomaten – dafür aber müssen sie stetig neu angebunden und auch ausgegeizt werden, das bedeutet, dass die aus den Blattachseln wachsenden Seitentriebe frühzeitig entfernt werden müssen. Für erfahrene Balkongärtner kein Problem, sie nehmen den Mehraufwand gerne auf sich. Insbesondere dann, wenn sie auf alte Fleischtomaten-Sorten wie das 'Ochsenherz' wegen ihres einmaligen Geschmacks nicht verzichten wollen. Für den schnellen Snack für zwischendurch aber sind Balkontomaten zu empfehlen, die im Kasten ohne besondere Pflege bestens gedeihen.

Obst an der Säule
Ähnliche Überlegungen spielen auch beim schlanken Säulenobst im Kübel eine Rolle. Hier sind im Gegensatz zu Busch- oder Spindelbäumen praktisch keine aufwendigen Schnittmaßnahmen notwendig, da dessen Früchte direkt am Stamm ansetzen. Schauen Sie doch mal ins Früchteparadies auf Seite 130 bis 131, wer da alles auf Sie wartet.

Kräuter in Taschen
Ohne viel Pflegeaufwand erhalten Sie auch eine enorme Kräutervielfalt auf kleinstem Raum. Pflanzen Sie hierfür verschiedenste kompakt bleibende Kräuterarten wie Thymian, Salbei oder Majoran in einen Taschentopf mit mehreren seitlichen „Balkönchen" und Sie werden den ganzen Sommer über Spaß mit dem originellen Kräutertopf haben.

WIDERSTANDSFÄHIGE SORTEN REDUZIEREN „PUTZARBEIT"
Neben der Wüchsigkeit ist auch die Widerstandsfähigkeit der jeweiligen Sorte gegenüber Pilzkrankheiten und Schädlingen für den Pflegeaufwand entscheidend. Denn sie nimmt unmittelbaren Einfluss darauf, ob im Laufe des Sommers mechanische Pflanzenschutzmaßnahmen wie Ausputzen, Rückschnitt oder gar eine Anwendung von Spritzmitteln auf natürlicher Basis notwendig werden. Da der Markt für selbst angebautes Balkongemüse ständig wächst, sind Züchter drauf und dran, auch widerstandsfähige Sorten hierfür zu entwickeln. Wenn also jedes Jahr aufs Neue Ihre Tomaten von der Kraut- und Braunfäule befallen werden und Sie auf Ihrem Balkon oder Terrasse keine bessere Möglichkeit für einen Regenschutz haben, pflanzen Sie im nächsten Frühling doch eine Tomaten-Sorte, die als resistent oder hochtolerant gegenüber dieser Pilzkrankheit gilt. Natürlich sollte

diese neue Sorte auch geschmacklich mithalten können. Denn was bringt schon eine gesunde Tomatenpflanze, deren Früchte nach Wasser schmecken? Im Übrigen wird nicht nur bei Tomaten die Resistenzbildung ständig vorangetrieben, sondern auch bei einer Vielzahl von weiteren Gemüsearten.

ERNTEN GEHÖRT ZUR PFLANZENPFLEGE

Die wohl angenehmste Pflegearbeit ist das Ernten der selbst gezogenen Leckereien: eine Erdbeere ins Körbchen, die nächste in den Mund. Obst- und Gemüsefrüchte entfalten ihren vollen aromatischen Geschmack oft erst, wenn sie lange an der Pflanze reifen dürfen. Verpassen Sie aber nicht den Erntezeitpunkt, denn viele Früchte werden weich und faulig, wenn sie zu lange an der Pflanze bleiben. Erdbeeren sind ein Paradebeispiel für ein Erntefenster von nur wenigen Tagen. Es gibt jedoch auch einige Arten von Naschpflanzen, bei denen sich ein früheres Entfernen einzelner Früchte empfiehlt. Besonders dann, wenn sie im vollen Ertrag stecken. Zucchini beispielsweise sind klein und knackig geerntet oft viel besser im Geschmack als die großen, fade schmeckenden Kawenzmänner. Sie müssen keinen Wettbewerb gewinnen.

Wenn Sie die Blätter von Basilikum lange ernten wollen, sollten Sie dieses nicht zur Blüte kommen lassen.

VEREDELTE GEMÜSEJUNGPFLANZEN In Fachgartencentern werden besonders bei Tomaten, Gurken und Paprika vermehrt auch veredelte Gemüsejungpflanzen angeboten. Hier handelt es sich um ertrags- und geschmacksstarke Edelsorten, die auf eine wurzelstarke, kraftvolle Unterlagensorte aufgesetzt wurden. Vorteil: kräftiges Wurzel- und somit Pflanzenwachstum mit hoher Widerstandsfähigkeit gegenüber bodenbürtigen Pilzkrankheiten bei gleichzeitig höherem Fruchtertrag der leckeren Edelsorte.

SOMMER

[1]

[2]

[3]

BALKONERNTE
Lieblingsgemüse auf kleinem Raum

Selbst auf Balkon und Terrasse müssen Sie nicht auf Ihr Lieblingsgemüse verzichten. Viele Sorten kommen auch mit kleinen Gefäßen gut zurecht und versorgen uns mit ihren Früchten.

PAPRIKA [1]
Capsicum annuum
Aussehen: Aufrecht buschig, 30 cm bis 1 m hoch, Früchte als Block-, Spitz- oder Snackpaprika erst in Grün, später je nach Sorte Gelb, Orange, Rot oder Violett ausfärbend. Vorsicht: Einige Snackpaprika-Sorten wie beispielsweise 'Hot Salsa' sind richtig scharf.
Kultur: Ab Februar auf der beheizten Fensterbank vorziehen, siehe auch Seite 10–11. Nach dem Vereinzeln Jungpflanzen ab Mitte Mai in Einzeltöpfe, Kübel oder Blumenkästen umsetzen. Ein sonniger, warmer Standort ist Voraussetzung für eine gute Ernte. Die Bio-Gemüseerde ausreichend feucht halten und sechs Wochen nach der Pflanzung regelmäßig flüssig nachdüngen.
Schädlinge: Weiße Fliege, Blattläuse, Spinnmilben
Ernte: Von August bis Oktober

ZUCCHINI [2]
Cucurbita pepo
Aussehen: Je nach Sorte kriechend, buschartig oder hängend, auch als Kletterpflanze formierbar, mit großen, dekorativen Blättern und grünen bis schwarz-grünen oder gelben Früchten
Kultur: Direktsaat oder Jungpflanzen ab Mitte Mai in große Einzeltöpfe oder Kübel. Kleinfrüchtige und mehltautolerante oder -resistente Sorten wählen. Sonniger, warmer Standort. Die Erde gut feucht, die Blätter aber trocken halten. Als nährstoffbedürftiges Fruchtgemüse benötigen Zucchini eine höher aufgedüngte Bio-Gemüseerde und spätestens sechs Wochen nach Aussaat oder Pflanzung eine regelmäßige Flüssigdüngung.
Schädlinge & Krankheiten: Blattläuse, Echter Mehltau
Ernte: Juni bis Oktober. Die Früchte nicht zu groß werden lassen (maximal 20 cm), sie schmecken sonst weniger aromatisch.

TOMATE [3]
Lycopersicon esculentum
Aussehen: Aufrecht buschige Pflanze, je nach Sortengruppe 30 cm bis 2 m hoch, auch überhängende Sorten verfügbar. Form, Farbe und Geschmack der Früchte variieren durch beachtliche Sortenvielfalt mit normalen runden sowie Fleisch-, Eier-, Cocktail- und Balkontomaten. Letztere sind kleinwüchsig und als Naschgemüse gut im Balkonkasten zu halten. Die Farbpalette reicht von Gelb, Orange, Violett bis Grün, wild gestreift oder kunterbunt.
Kultur: Ab Februar auf der beheizten Fensterbank vorziehen, siehe auch Seite 10–11. Nach dem Vereinzeln Jungpflanzen ab Mitte Mai in größere Einzeltöpfe, Kübel, Blumenkästen oder Ampeln pflanzen. Krankheitsunanfällige Sorten wählen.

Sonniger, warmer Standort. Die Erde gut feucht, die Blätter aber trocken halten. Tomaten gelten als nährstoffbedürftig und sind deshalb in eine hoch aufgedüngte Bio-Gemüseerde zu pflanzen und nach sechs Wochen regelmäßig nachzudüngen. Stabtomaten benötigen einen Stützstab, ihre Seitentriebe in den Blattachseln sind zu entfernen. Bei kompakt und buschig wachsenden Balkontomaten entfällt das Hochbinden am Stab und Ausgeizen der Seitentriebe.
Schädlinge & Krankheiten: Weiße Fliege, Spinn- oder Rostmilben, Kraut- und Braunfäule, Echter Mehltau, Samtfleckenkrankheit, Blütenendfäule
Ernte: Von Juli bis Oktober, nicht unreif ernten wegen des giftigen Solanins

MANGOLD [4]
Beta vulgaris ssp. *cicla*
Aussehen: Blatt-Mangold besitzt spinatähnliche Blätter, bis zu 30 cm hoch. Stiel-Mangold bis zu 50 cm hohe Blätter mit leuchtend bunten Blattstielen in Rot, Rosa, Orange, Gelb, Grün oder Weiß.
Kultur: Direktsaat von April bis Juni in Töpfe, Kübel oder Blumenkästen, sonnigen Standort wählen. Die Bio-Gemüseerde ausreichend feucht halten und sechs Wochen nach Pflanzung einmal wöchentlich nachdüngen.
Schädlinge & Krankheiten: Blattläuse, Falscher Mehltau
Ernte: Ab Juli äußere Blätter ernten. Blatt-Mangold (ab acht Wochen) wird wie Spinat verwendet, beim Stiel-Mangold (ab zwölf Wochen) können die Blattstiele und -rippen wie Spargel gekocht werden.

AUBERGINE [5]
Solanum melongena
Aussehen: Aufrecht buschig, bis 1 m hoch, eierförmige Früchte in Dunkelviolett, Weiß, Rosa oder Lila, oft gestreift, hübsche lilafarbene Blüte

Kultur: Ab Februar auf der beheizten Fensterbank vorziehen, siehe auch Seite 10–11. Nach dem Vereinzeln Jungpflanzen ab Mitte Mai in große Einzeltöpfe oder Kübel, sonniger Standort, sehr wärmebedürftig. Die Bio-Gemüseerde ausreichend feucht halten und sechs Wochen nach der Pflanzung regelmäßig nachdüngen. Im Sommer hohe Pflanzen stützen, Nebentriebe ausgeizen und Haupttriebe nach der fünften Frucht einkürzen, damit die vorhandenen Früchte gut ausreifen.
Schädlinge: Weiße Fliege, Blattläuse, Spinnmilben
Ernte: Ab Ende August. Die Auberginen sind reif, wenn sie voll ausgefärbt sind und glänzen. Nicht unreif ernten wegen des giftigen Solanins.

SALATGURKE [6]
Cucumis sativus
Aussehen: Aufrecht klimmend mit großen Blättern, bis 2 m hoch. Größe der länglich grünen Frucht ist abhängig von der Sortenwahl.
Kultur: Direktsaat oder Jungpflanzen ab Mitte Mai in größere Einzeltöpfe oder Kübel. Krankheitsunanfällige Sorten wählen. Sonniger, warmer Standort. Die Erde gut feucht, die Blätter aber trocken halten. Als nährstoffbedürftiges Fruchtgemüse benötigen Gurken eine hoch aufgedüngte Bio-Gemüseerde und sechs Wochen nach Aussaat oder Pflanzung eine regelmäßige Flüssigdüngung. Nach dem sechsten Laubblatt die Triebspitze entfernen für mehr Seitentriebe und höheren Fruchtansatz. Rankhilfe geben mit Schnur, Stab oder Spalier.
Schädlinge & Krankheiten: Weiße Fliege, Blattläuse, Spinnmilben, Echter und Falscher Mehltau
Ernte: Ab Juli, häufig durchpflücken

[4]

[5]

[6]

SOMMER

[1]

[2]

[3]

KRÄUTERLUST
Sommerbegleiter für den Balkon

Mit ihrem Duft, ihren zierlichen Blüten und ihrem würzigen Aroma verzaubern Kräuter unsere Sinne. Sie lassen sich ideal in Topf und Kübel pflegen.

KAPUZINERKRESSE [1]
Tropaeolum majus
Aussehen: Einjährig, buschig, niederliegend oder rankend, Triebe werden bis zu 3 m lang, Blätter sind rundlich, hellgrün und teilweise bläulich schimmernd
Blüte: Süß duftend, trompetenförmig in Rot, Orange oder Gelb, auch zweifarbige Sorten erhältlich
Blütezeit: Juli bis Oktober
Standort: Sonnig bis halbschattig, in Blumenkästen, Schalen, Kübeln oder Ampeln
Pflege: Gut geeignet sind höher aufgedüngte Bio-Kräutererden, stets gleichmäßig feucht halten, hoher Nährstoffbedarf, ab sechs Wochen regelmäßig nachdüngen
Ernte & Verwendung: Blätter und Blüten während des Sommers als frische Zugaben für Salate, Brotbelag, Quark und Kräuteressig, schmecken senfartig, Samen nicht in größeren Mengen verzehren
Schädlinge: Blattläuse
Besonderheiten: Bunter, lebender Sichtschutz mit rankenden Sorten

BASILIKUM [2]
Ocimum basilicum
Aussehen: Meist einjährig, aufrecht, bis 60 cm hoch, Blätter grün oder rot, eiförmig zugespitzt, mehr oder weniger gesägt
Blüte: Lippenblütler, in Weiß bis Rosapurpur (rotblättrige Sorten)
Blütezeit: Juli bis September
Standort: Sonnig und warm, sehr kälteempfindlich, in Blumenkästen, Schalen oder Kübeln
Vermehrung: Aussaat ab März auf der Fensterbank, warm bei etwa 20 °C
Pflege: Gut geeignet sind höher aufgedüngte Bio-Kräutererden, stets gleichmäßig feucht halten, ab sechs Wochen regelmäßig nachdüngen, Blütenansätze entfernen, damit das Basilikum weiter Blätter ausbildet
Ernte & Verwendung: Junge Blätter als 5 cm lange Triebe direkt über dem Blattknoten ernten, Neuaustrieb folgt, frisch verwenden, nicht mitkochen, zu Tomaten, Salaten, Soßen, Nudelgerichten oder als Pesto
Schädlinge & Krankheiten: Blattläuse, Weiße Fliege, Falscher Mehltau, Grauschimmel
Besonderheiten: Duftet intensiv würzig, Sorten- und Aromenauswahl sind riesig

LAVENDEL [3]
Lavandula angustifolia
Aussehen: Mehrjähriger Halbstrauch, winterhart und immergrün, buschig verzweigt, im unteren Bereich verholzend, bis 60 cm hoch, längliche Blättchen mit silbrig grauer Tönung
Blüte: Lippenblütler, in Dunkelblau bis Violett, Rosa oder Weiß
Blütezeit: Juni bis August

Standort: Sonnig, in Blumenkästen, Schalen oder Kübeln
Vermehrung: Stecklinge vor der Blüte, Aussaat im Frühjahr
Pflege: Niedriger Wasser- und Nährstoffbedarf, gut durchlässige Bio-Kräutererde verwenden, Rückschnitt im Herbst oder Frühjahr bis ins alte Holz für einen buschigen Wuchs, bei rauhem Klima Winterschutz geben
Ernte & Verwendung: Junge Blätter eignen sich während der gesamten Vegetationsperiode ab Mai als Würze für Fischgerichte, Eintöpfe und Geflügel; Blütenstiele nach dem vollständigen Aufblühen als Tee sowie zum Garnieren von Speisen oder in Duftsäckchen
Besonderheiten: Insektenweide, robust, kaum Schädlinge, viele weitere Arten

ECHTER SALBEI [4]
Salvia officinalis
Aussehen: Mehrjährig, breit buschig, im unteren Bereich verholzend, bis 60 cm hoch, Blätter sind immergrün, filzig behaart, duftend und sortenabhängig graugrün, gelb bis violett
Blüte: Lippenblütler, in Blauviolett
Blütezeit: Juni bis August
Standort: Sonnig, in Blumenkästen, Schalen oder Kübeln
Vermehrung: Aussaat im Frühling, Stecklinge im Sommer
Pflege: Gut durchlässige Bio-Kräutererde, mittlerer Wasser- und Nährstoffbedarf, ab sechs Wochen nachdüngen, entspitzen führt zu buschigem Wuchs, Rückschnitt im Frühjahr, etwas Winterschutz ist ratsam
Ernte & Verwendung: Junge Blätter während der gesamten Vegetationsperiode ernten, zum Würzen von Fisch-, Fleisch- und Gemüsegerichten (aber sparsam!), als Tee bei Magenbeschwerden oder zum Gurgeln bei Mund- und Rachenentzündungen. Krautige Triebspitzen vor der Blüte zum Anlegen von Vorräten bündeln und trocknen.
Schädlinge & Krankheiten: Zikaden, Weiße Fliege, Echter Mehltau

Besonderheiten: Insektenweide, Arten- und Sortenauswahl sind riesig

ROSMARIN [5]
Rosmarinus officinalis
Aussehen: Mehrjähriger Halbstrauch, buschig verzweigt, im unteren Bereich verholzend, bis 70 cm hoch oder auch überhängend, Blätter sind immergrün, länglich mit dunkelgrüner Tönung
Blüte: Lippenblütler, in Blassblau, Violett oder Rosa
Blütezeit: März bis Juli
Vermehrung: Stecklinge im Sommer, auch Absenker möglich
Standort: Sonnig, in Blumenkästen, Schalen, Kübeln oder Ampeln (hängende Sorten)
Pflege: Gut durchlässige Bio-Kräutererde, mittlerer Wasser- und Nährstoffbedarf, ab sechs bis acht Wochen nachdüngen, Rückschnitt im Frühjahr bis ins alte Holz für buschigen Wuchs, nicht frosthart, Überwinterung hell bei 5 bis 10 °C
Ernte & Verwendung: Junge Triebspitzen ganzjährig frisch für Fleisch-, Grill-, Kartoffel- und Gemüsegerichte – mitkochen
Schädlinge & Krankheiten: Zikaden, Weiße Fliege, Echter Mehltau

ECHTER THYMIAN [6]
Thymus vulgaris
Aussehen: Mehrjährig, polsterbildend, bis 30 cm hoch, Blätter sind immergrün, rundlich bis eiförmig, unterseits behaart, winterhart
Blüte: Lippenblütler, in Weiß bis Hellrosa
Blütezeit: Juni bis September
Standort: Sonnig, in Blumenkästen, Schalen oder Kübeln
Vermehrung: Aussaat im Frühjahr, auch Absenker im Sommer möglich
Pflege: Gut durchlässige Bio-Kräutererde, niedriger Wasser- und Nährstoffbedarf, leichter Rückschnitt im Frühjahr
Ernte & Verwendung: Junge Blätter ganzjährig ernten, frisch oder getrocknet mitkochen zum Würzen von Fleisch- und Kartoffelgerichten, Suppen und Soßen

SOMMER

BEERENSTARK
mit Zwergenobst

Beerenobst braucht gar nicht so viel Platz und eignet sich deshalb selbst für kleine Balkone. Sonnenreife, süße Früchtchen selbstgepflückt, wie lecker das schmeckt!

MONATS-ERDBEERE [1]
Fragaria × ananassa
Aussehen: Aufrecht buschig, je nach Sorte mit unterschiedlich langen früchtebehangenen Ausläufern. Für Blumenkästen und Ampeln (Hänge-Erdbeeren) oder an einem Spalier hochgebunden (Kletter-Erdbeeren).
Kultur: Jungpflanzen ab Mitte März bis Mai in Töpfen, Schalen, Blumenkästen, speziellen Erdbeertürmen oder Ampeln für einen sonnigen bis halbschattigen Standort. Organisch aufgedüngtes, leicht saures Bio-Substrat wählen, um Eisenmangel vorzubeugen. Gleichmäßig mit weichem, kalkfreiem Wasser feucht halten, Blätter und Früchte sollten unbedingt trocken bleiben. Nach sechs Wochen regelmäßig nachdüngen. Wenn sich viele Ausläufer entwickeln sollen, die ersten Blüten im Frühjahr bis Ende Mai ausbrechen. Im Sommer können die Ausläufer auch zur eigenen Anzucht neuer Erdbeerpflanzen für das nächste Jahr verwendet werden. Zum Überwintern mit Ausnahme vom Herz alle Blätter und Ausläufer abschneiden und die letztgenannten gegebenenfalls zum Aufbau neuer Pflanzen nutzen. Das Gefäß vor dem Durchfrieren und Austrocknen schützen. Nach zwei bis drei Jahren sind die Pflanzen erschöpft und sollten ersetzt werden.
Schädlinge & Krankheiten: Blattläuse, Spinnmilben, Grauschimmel, Echter Mehltau

Ernte: Von Juni bis Oktober; fortwährend ohne Unterbrechung

HIMBEERE [2]
Rubus idaeus
Aussehen: Aufrecht in Ruten, bis 1,50 m hoch, Sorten mit und ohne Stacheln. Aromatische Früchte überwiegend in Rot, selten auch in Gelb, zwei Sortengruppen: Sommerhimbeeren tragen am zweijährigen Holz und sind deshalb aufwendiger zu kultivieren als robuste Herbsthimbeeren, die ihre Früchte im Spätsommer/Herbst an den einjährigen Trieben präsentieren.
Kultur: Ab April in größeren Töpfen oder Kübeln für einen sonnigen bis halbschattigen Standort. Sie bevorzugen ein organisch aufgedüngtes, leicht saures Bio-Substrat und etwas Rindenmulch oder Laub als Substratabdeckung. Gleichmäßig feucht halten und nach sechs Wochen regelmäßig nachdüngen. Schnittmaßnahmen dicht über dem Boden: Bei Sommerhimbeeren werden im Herbst die abgetragenen Fruchtruten entfernt und fünf bis sieben einjährige kräftige Triebe erhalten. Bei Herbsthimbeeren sind die Ruten im Frühjahr abzuschneiden, wenn die neuen Bodentriebe erscheinen.
Schädlinge & Krankheiten: Himbeerkäfer, Spinnmilben, Rutenkrankheit (bei Sommerhimbeeren), Echter Mehltau

Ernte: Juni (Sommerhimbeeren) bis Oktober (Herbsthimbeeren)

HEIDELBEERE [3]
Vaccinium corymbosum
Aussehen: Aufrecht strauchförmig, bis 1,50 m hoch
Kultur: Ab April in größeren Töpfen oder Kübeln für einen sonnigen bis halbschattigen Standort. In einem sauren Substrat wie Rhododendronerde. Die Erde stets mit weichem, kalkfreiem Wasser feucht halten und nach sechs Wochen regelmäßig einen organischen Flüssigdünger dazugeben, der in der Regel auch sauer wirkt. Keine Schnittmaßnahmen in den ersten Jahren erforderlich, später Auslichtungsschnitt durchführen. Winterschutz für den Kübel empfehlenswert.
Schädlinge: Blattläuse, Frostspanner
Ernte: Juli bis September

JOHANNISBEERE [4]
Ribes rubrum
Aussehen: Aufrecht strauchförmig oder als Hochstämmchen gezogen, bis 1,50 m hoch, mit kleinen roten, weißen oder schwarzen Beeren *(Ribes nigrum)* in Traubenform
Kultur: Ab Mai in größeren Töpfen oder Kübeln für einen sonnigen bis halbschattigen Standort. Gleichmäßig feucht halten und nach sechs Wochen regelmäßig nachdüngen. Hochstämmchen an einem Stab befestigen, der bis in die Krone reicht und diese bei vollem Fruchtbehang stützt. Bei strauchförmigem Wuchs nach der Ernte alle Basistriebe bodeneben entfernen, die älter als vier Jahre sind (Auslichtungsschnitt). Winterschutz für den Kübel empfehlenswert, um das Gefäß vor dem Durchfrieren und Austrocknen zu schützen.
Schädlinge & Krankheiten: Blattläuse, Johannisbeer-Gallmilbe, Echter Mehltau, Blattfallkrankheit
Ernte: Juni bis August. Je nach Sortenzugehörigkeit „früh-mittel-spät" ganze Trauben

ANDENBEERE [5]
Physalis peruviana
Aussehen: Aufrecht buschig, bis 1 m hoch, mit kleinen saftigen, orangefarbenen Früchten, die mit einem papierartigen Lampion umhüllt sind
Kultur: Aussaat ab März, Pflanzung ab Mitte Mai in größere Töpfe oder Kübel. Der Standort sollte besonders sonnig, warm und geschützt sein, damit die Früchte bis in den Herbst gut ausreifen können. Ein Bio-Substrat eignet sich gut, gleichmäßig feucht halten und nach sechs Wochen regelmäßig nachdüngen. Überwinterung wäre bei 5 bis 10 °C möglich, ist aber aufgrund von Lichtmangel eher nicht zu empfehlen – lieber im nächsten Frühjahr neue Jungpflanzen heranziehen.
Schädlinge & Krankheiten: Blattläuse, Weiße Fliege, Grauschimmel
Ernte: September bis Oktober. Die Beeren sind erntereif, wenn der Hüllkelch sich braun verfärbt und eintrocknet.

STACHELBEERE [6]
Ribes uva-crispa
Aussehen: Aufrecht strauchförmig oder als Hochstämmchen gezogen, 1 bis 1,50 m hoch, mit Dornen (nicht Stacheln!) an den Trieben. Es gibt bereits dornenlose Sorten! Die Früchte sind grün, gelblich oder rötlich.
Kultur: Ab Mai in größeren Töpfen oder Kübeln für einen sonnigen bis halbschattigen Standort. Bei der Sortenwahl unbedingt auf eine hohe Widerstandsfähigkeit oder Resistenz gegenüber Stachelbeer-Mehltau achten. Ein Bio-Substrat eignet sich gut, gleichmäßig feucht halten und nach sechs Wochen regelmäßig nachdüngen. Hochstämmchen an einem Stab befestigen, der bis in die Krone reicht, damit diese bei vollem Behang nicht abbricht. Auslichtungsschnitt bei strauchförmigem Wuchs nach der Ernte (siehe Johannisbeere), Winterschutz für den Kübel empfehlenswert.
Schädlinge & Krankheiten: Blattläuse, Stachelbeer-Mehltau, Blattfallkrankheit
Ernte: Juli bis August

[4]

[5]

[6]

SOMMER

VOR DEM URLAUBSEINSATZ SOLLTE SICH DIE ANLAGE WARMLAUFEN.

DAS IST *wirklich* WICHTIG

[a] EIN WASSERANSCHLUSS ist Voraussetzung, um eine automatisierte Bewässerungsanlage mit einem kleinen Computer als Dreh- und Angelpunkt in Betrieb zu nehmen.

[b] DIE SCHLAUCHLÄNGE und Anzahl der Tropfanschlüsse können Sie je nach Anzahl der zu bewässernden Gefäße variieren.

[c] KÜBELPFLANZEN wie die Mandevilla benötigen besonders im Sommer kontinuierlich ausreichend hohe Wassergaben.

[d] AUCH KLEINERE MISCHBEPFLANZUNGEN werden tröpfchenweise zuverlässig und exakt versorgt.

[e] ÜBER EINEN DREHMECHANISMUS an den Spaghetti-Steckern lassen sich die kleinen Wassersprenger gut auf die Bedürfnisse der einzelnen Pflanzen einstellen.

DER BLUMEN-SITTER

Bewässerungscomputer für entspannte Urlaubstage

Sie träumen von einem Blütenmeer auf Ihrem Balkon, aber alle Personen
sind gerade selbst im Urlaub, die Sie in Ihrer Abwesenheit vertreten könnten?
Eine automatisierte Urlaubsbewässerung sorgt für Entspannung.

FÜR DEN KURZURLAUB AM WOCHENENDE

Blumenkästen mit integriertem Wasservorrat, sogenannte
Wasserspeicherkästen, bieten sich an, um die Bewässerung
für ein Wochenende sicherzustellen. Das funktioniert gut bei
Bepflanzungen mit durchschnittlich bis weniger wasserbe-
dürftigen Pflanzen, wie beispielsweise Begonien, Männertreu oder Hänge-Geranien. Schluckspechte wie die Petunien
würden sich an einem warmen Sommerwochenende aber
möglicherweise nicht mit diesem Wasservorrat begnügen.
Folgende einfache Rechnung zeigt, warum: Bei einem 80-cm-
Kasten liegt der Wasservorrat bei etwa sechs bis acht Liter.
Ist so ein Kasten mit vier Petunien bepflanzt, benötigen diese
in Spitzenzeiten etwa fünf Liter – aber pro Tag! Das könnte
also knapp werden und das Risiko ist groß, dass ein schöner
Wochenendtrip am Sonntagabend mit einer unangenehmen
Überraschung auf Ihrem Balkon endet. Für eine kurzfristige
Lösung könnten Sie deshalb noch zwei oder drei Bewässe-
rungskugeln (S. 85) oder PET-Flaschen mit Wasser kopfüber
in die Erde stecken. Sie geben dann nach und nach das Wasser
ab und helfen so über eine mögliche kritische Phase hinweg.
Wenn die Möglichkeit besteht, hilft es auch, Balkonkästen und
Kübel für diese Zeit in den Schatten zu rücken. Denn hier ist
der Verbrauch der Pflanzen deutlich verringert.

DER BEWÄSSERUNGSCOMPUTER ALS „BLUMEN-SITTER"

Wenn Sie mehrere Wochen verreisen wollen, müssen andere
Lösungen her, um Ihre Balkonpflanzen wie auf Knopfdruck
während Ihrer Abwesenheit zuverlässig und ausreichend mit
Wasser zu versorgen. Hierfür braucht es keine Geisterhand,
denn so einfach funktioniert's:
Der batteriebetriebene Bewässerungscomputer [→a] ist das
Herzstück der Urlaubsbewässerung und wird direkt an den
Wasseranschluss montiert. Alle Anschlüsse hierzu finden Sie
im Handel. Wie bei einer Zeitschaltuhr programmieren Sie je
nach Wettervorhersage, wann und wie lange Wasser gegeben
wird. Das hört sich komplizierter an, als es wirklich ist. Denn
die Programmierung neuartiger Bewässerungscomputer ist
in der Regel leicht verständlich und ohne Gebrauchsanleitung
intuitiv durchführbar. Der Verteilerschlauch [→b] stattet mithilfe von einzelnen Tropfanschlüssen und Kapillar-Schläuchen,
sogenannte „Spaghetti mit Stecker", jedes Pflanzgefäß mit
einer eigenen Wasserquelle aus. Die Tropfanschlüsse direkt am Verteilerschlauch sind oft auch mit verschiedenen
Wasseraustrittsmengen erhältlich. Demzufolge lassen sich
durstige Kübelpflanzen [→c] in die gleiche Bewässerungs-
einheit einbinden wie kleinere Mischbepflanzungen, die einen
wesentlich geringeren Wasserbedarf haben [→d]. Mithilfe von
Mini-Sprengern [→e] ist die Wassermenge sogar im jeweiligen
Pflanzgefäß je nach Wetterlage stufenweise einstellbar.

KENNENLERNPHASE MIT EINPLANEN Automatische Bewässerungsanlagen gelten als zuverlässig. Dennoch ist anzuraten, dass
Sie vor Ihrem Urlaub eine mehrwöchige Beobachtungszeit einplanen, in der Sie die Funktionsweise des Systems kennenlernen.
Gegebenenfalls können Sie dann noch Einstellungen korrigieren und im Anschluss ganz beruhigt in den Urlaub fahren.

SOMMER

RICHTIG GIESSEN
– aber wie?

„Wie viel Wasser brauchen meine Balkon- und Kübelpflanzen?" ist
wohl die häufigste Frage, die beim Kauf in der Gärtnerei gestellt wird.
Die simple und kurze Antwort lautet: „Gießen Sie immer bedarfsgerecht!"

SO GIESSEN SIE RICHTIG

Denn es gibt keine allgemeingültigen
Regeln zur Gießhäufigkeit. Der Wasserbedarf ist pflanzenindividuell und abhängig
von Temperatur, Sonneneinstrahlung,
Luftbewegung, Gefäßgröße und Menge
sowie Wasserhaltefähigkeit der Pflanzerde.
Tendenziell werden Pflanzen in Balkonkästen oder Töpfen sogar eher zu viel als
zu wenig gegossen. Infolge von Staunässe
können sich dann vermehrt bodenbürtige
Pilzkrankheiten ansiedeln oder es kommt
zu Problemen in der Nährstoffaufnahme.
Ein kurzzeitiges Abtrocknen des Substrates
schadet nicht, ganz im Gegenteil, es regt
sogar die Bildung neuer Wurzeln an. Bevor
aber der Erdballen ganz austrocknet und
sich die Erde vom Gefäßrand ablöst oder
Ihre Pflanzen bereits Welkeerscheinungen
zeigen, wird es höchste Zeit zum Gießen.
Der beste Zeitpunkt ist entweder morgens oder in den frühen Abendstunden,
da das Wasser dann nicht so schnell ver-
dunstet. Gießen Sie dabei den Erdballen
stets durchdringend und variieren Sie die
Gießstellen. So vermeiden Sie, dass sich
im Substrat Rinnen bilden, durch die das
Wasser hindurchläuft und sich nicht in der
Erde verteilt. Für eine halbe Stunde darf
auch mal etwas Wasser im Untersetzer
Ihrer Kübelpflanzen stehen. Danach sollten Sie überschüssiges Wasser auskippen.

Achten Sie ebenfalls darauf, dass Sie nicht
über die Blätter gießen. Denn das erhöht
vor allem abends den Befallsdruck vieler
Pilzkrankheiten, deren Sporen sich auf dem
Nässefilm auf den Blättern fortbewegen.
Bei starker Sonneneinstrahlung sollten Sie
benetzte Blätter ebenfalls vermeiden, obwohl diese schnell auch wieder abtrocknen
würden. Ein kurzer Moment reicht aus, in
dem die Wassertropfen auf dem Blatt wie
Brenngläser wirken und so zu Brandflecken
auf den Blättern führen.
Bei Regenwetter entfällt oft das Gießen.
Wenn das Laubdach der Pflanzen jedoch
bereits so dicht ist, dass die Regentropfen
nur schwerlich bis zur Erde durchdringen,
ist auch an trüben, regnerischen Tagen ein
Gießgang angebracht.

KOSTBARES REGENWASSER

Trinkwasser aus der Leitung ist ein knap-
pes und damit kostbares Gut. Zudem eignet
sich sehr kalkhaltiges Leitungswasser
nur bedingt für Ihre Balkonpflanzen. Wird
ausschließlich hiermit gegossen, steigt
über den Sommer der pH-Wert (Säuregrad)
in der Balkonerde an. Damit verbunden
müssen Sie mit einer schlechteren Ver-
fügbarkeit von Spurenelementen rechnen,
vor allem von Eisen. Schnell zeigen sich
bei Petunien, Zauberglöckchen oder
Fächerblumen typische Symptome von
Eisenmangel (S. 88–89).

Unbelastetes Regenwasser eignet sich dagegen optimal für Ihre Pflanzen auf Balkon
und Terrasse. Es ist kalkfrei und zudem
kostenlos. Nutzen Sie, was vom Himmel
kommt, und sammeln Sie Ihr eigenes
Regenwasser. Geeignet sind die Dächer
von Wohnhaus und Garage, von denen sich
mit handelsüblichen Abzweigungen für
Fallrohre das kostbare Nass in geeignete
Vorratsbehälter leiten lässt. Für Balkon
und Terrasse stehen hier auch formschöne
Sammelbehälter mit Überlaufschutz zur
Verfügung. Neu angestrichen, könnte auch
ein altes Holzfass einen optischen Reiz auf
Ihrer Terrasse setzen. Die Behälter sollten
möglichst abgedeckt sein, denn das verringert Algenwachstum und macht sie für
Kinder sowie gegen Stechmücken sicher.

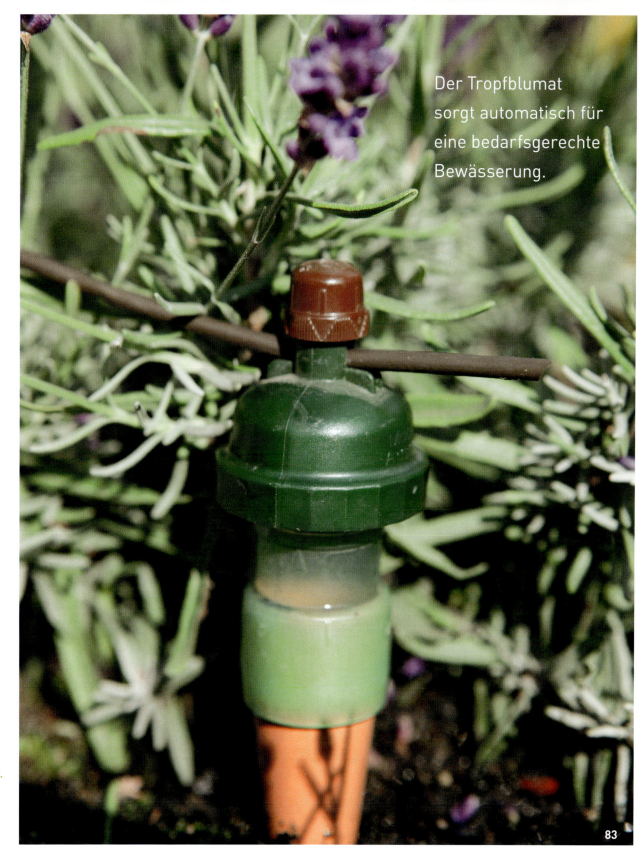

Der Tropfblumat sorgt automatisch für eine bedarfsgerechte Bewässerung.

WIE SIE DIE SUBSTRATFEUCHTE PRÜFEN
Den Feuchtigkeitszustand des Substrates können Sie optisch erkennen (feuchte Erde ist dunkler als im trockenen Zustand), mit den Fingern erfühlen oder aber auch durch Anheben kleinerer Gefäße recht gut erfassen. Eine weitere Möglichkeit besteht darin, einen hölzernen Schaschlikspieß vorsichtig bis zum Gefäßboden in die Erde zu stecken und wieder herauszuziehen – vom Prinzip her wie beim Kuchenbacken die Kontrolle des Teigzustandes. Da feuchte Erde sichtbar am Holzstab haften bleibt, zeigt Ihnen anschließend der Holzspieß an, ob zu gießen ist oder nicht.

SOMMER

[1]

[2]

[3]

GIESS-SYSTEME
Von einfach bis Hightech

Technische Bewässerungshilfen unterstützen Sie bei der Gießarbeit und können sogar das Bewässern Ihrer Pflanzen vollautomatisch übernehmen. Hier ein Überblick.

GIESSKANNE [1]

Es gibt sie in den verschiedensten Materialausführungen: Kunststoff, Blech, Keramik. Das Brausemundstück dient auf Balkon und Terrasse in erster Linie dazu, Aussaaten mit feinem Wasserstrahl vorsichtig anzugießen.

In der Sommerzeit kann das tägliche Gießen mit der klassischen Gießkanne einige Zeit und Kraftanstrengungen in Anspruch nehmen. Im Hochsommer gleicht das schnell einer täglichen 30-minütigen Sporteinheit, wenn Sie viele Gefäße zu versorgen haben. Wichtig ist, dass Sie jemanden kennen, dem Sie während einer längeren Abwesenheitszeit Ihre Pflanzen anvertrauen können. Bedenken Sie beim Kauf, dass die Gießkanne in ihrer Größe unter den im Optimalfall am Balkon vorliegenden Wasseranschluss passen sollte. Das klingt zwar banal, es wäre aber nicht das erste Mal, dass sich eine schöne große 12-Liter-Gießkanne nicht für den nahe gelegenen Anschluss eignet – die Gießkanne deshalb regelmäßig inklusive „Kleckern" durch die halbe Wohnung zu tragen, macht wohl wenig Sinn.

GIESSSCHLAUCH [2]

Für Topfgärten mit einer hohen Gefäßanzahl lohnt sich auch ein Gießschlauch mit einem langen Gießstab sowie einer stufenverstellbaren Bewässerungsbrause. So können Sie auch in weniger zugänglichen Ecken gezielt gießen. Es vereinfacht den Aufwand enorm, bedarf aber natürlich eines vorhandenen Wasseranschlusses auf Balkon oder Terrasse. Denken Sie auch an die notwendige Vertretung, die in Ihrer Abwesenheit das Gießen mit dem Schlauch übernimmt. Damit sich der Schlauch nicht stets unaufgeräumt im Weg befindet und eine Stolperfalle darstellt, empfiehlt sich eine Schlauchtrommel. Im Handel sind mobile oder an einer Wand montierbare Aufrollsysteme erhältlich.

WASSERSPEICHERMATTE [3]

Um das Wasser etwas länger im Gefäß zu halten und die Gießarbeit weiter zu reduzieren, können Sie individuell zugeschnittene Wasserspeichermatten auf den Boden der Balkonkästen oder Töpfe legen. Die Matten nehmen ein Vielfaches des Eigengewichts an Wasser auf und geben es nach und nach an die Pflanzen ab. Besonders für extrem sonnige Standorte bedeutet das weniger Stress für Sie und Ihre Pflanzen.

WASSERSPEICHERKASTEN [4]

Er besitzt einen doppelten Boden mit einem Wasserspeicher von etwa 5 cm Höhe für etwa sechs bis acht Liter und Überlauflöchern in

Höhe der Trennwand. Der untere Teil des Kastens stellt also einen Wassertank dar, der über ein Gießrohr mit Wasser befüllt wird. Das Wasser gelangt je nach Bedarf über einen porösen Trennboden oder über Saugdochte vom Speicher in das Substrat. Ein Wasserstandsanzeiger im Gießrohr zeigt den aktuellen Wasserstand. Trotz Überlauflöchern in Höhe der Trennwand ist zu beachten, dass bei anhaltenden Niederschlägen das Substrat und somit „die Füße" nicht zu nass werden. Befüllen Sie deshalb bei täglichen Gießvorgängen den Wasserspeicher nur bis zur Mitte des Wasserstandanzeigers. Ein Auffüllen bis zum Maximum sollte nur vorgenommen werden, wenn Sie zwei bis drei Tage abwesend sind.

UNTERSETZER [5]

Für den Großteil von Balkonkästen und Kübeln sind passende Untersetzer erhältlich. Sie dienen dazu, das überschüssige Gießwasser aufzufangen und den Bodenbelag vor Wasserflecken zu schützen; oder aber die Pflanze direkt mit Wasser zu versorgen. Wenn das Wasser nach etwa einer halben Stunde nicht vollständig aufgenommen wurde, sollten Sie es aus dem Untersetzer entfernen.

BEWÄSSERUNGSKUGEL [6]

Hübsche Bewässerungskugeln eignen sich gut, wenn Sie die Pflanzen zusätzlich ein bis zwei Tage länger versorgen möchten. Sie werden auch mit einstellbarer Tropfgeschwindigkeit angeboten.

BEWÄSSERUNGSANLAGE [7]

Während Sie Ihren Urlaub genießen, versorgt eine zwar etwas kostspieligere, dafür aber zuverlässige automatische Bewässerungsanlage Ihre Pflanzen. Im Handel erhalten Sie komplette Startsets für Balkon und Terrasse, an die Sie meist bis zu 30 Gefäße anschließen können. Der Bewässerungscomputer funktioniert entweder per Zeitschaltuhr oder Sie binden zusätzlich einen Feuchtefühler in das System ein, der anstelle der festen Zeitvorgabe nur dann bewässert, wenn der Sensor den Impuls freigibt. Die bedarfsabhängige Bewässerungssteuerung sorgt dafür, dass die Pflanze zu der Zeit und in dem Maße ihr Wasser bekommt, wie sie es benötigt.

TROPFBLUMAT [8]

Hierbei handelt es sich um einen wassergefüllten Tonkegel, der in die Erde gesteckt wird und mit einem Feuchtefühler sowie einer Tropfstelle ausgestattet ist. Das System funktioniert über eine Unterdruckmembran in der Tonzelle. Wenn die Erde austrocknet, entsteht im Tropfblumat ein Unterdruck, weil Wasser über die Tonzelle entzogen wird. Daraufhin wird der Wasserdurchfluss durch den Tropfschlauch freigegeben, bis die Erde feucht ist.

Da jeder Tropfblumat eigenständig arbeitet, werden auch Pflanzen mit unterschiedlichem Wasserbedarf bedarfsgerecht bewässert. Pro Meter Balkonkasten benötigen Sie vier Tropfblumate, die über einen Tropfschlauch verbunden sind. Dieser ist über einen speziellen Druckminderer an die Wasserleitung oder an einen mit Wasser gefüllten Behälter angeschlossen, der aber zum Druckaufbau über Schwerkraft mindestens 1,50 m höher als die Blumenkästen aufgestellt werden muss. Zu beachten ist, dass sich bei Verwendung von hartem Trinkwasser Kalk in den Tonkegeln absetzen kann, der mit der Zeit die Poren verschließt und die Kegel undurchlässig macht. Nach erfolgtem Entkalken mit handelsüblichen Mitteln sind die Tonkegel wieder einsetzbar.

PET-FLASCHEN Nicht ganz so schick wie Bewässerungkugeln, aber nach dem gleichen Prinzip, funktionieren mit Wasser gefüllte PET-Flaschen, die Sie kopfüber in die Erde stecken. Wenn das Wasser zu schnell herausläuft, können Sie einen Korken mit Loch auf die Öffnung setzen.

[5]

[6]

[7]

[8]

SOMMER

DAS IST *wirklich* WICHTIG

[a] VERSCHAFFEN SIE SICH EINEN ÜBERBLICK, welche Balkonpflanzen für den Kasten vorgesehen sind und welchen Stickstoffbedarf diese haben. Die Summe hieraus ergibt den gesamten Stickstoffbedarf für die Kastenbepflanzung (Schritt 1).

[b] ANGABEN ZUR ENTHALTENEN STICKSTOFFMENGE IM SUBSTRAT finden Sie auf dem Erdsack (Schritt 2). Sie ist zu berücksichtigen und muss von der errechneten Summe abgezogen werden (Schritt 3).

[c] TATSÄCHLICHE DÜNGERMENGE ERMITTELN Da der Depotdünger nicht komplett aus Stickstoff besteht, sondern nur zu einem gewissen Prozentsatz (in unserem Rechenbeispiel 15 %), ermitteln Sie anschließend die tatsächliche Düngermenge (Schritt 4).

[d] ABWIEGEN Die ermittelte Düngermenge wird nun auf einer Haushaltswaage abgewogen.

[e] DÜNGEN Jetzt nur noch den Depotdünger auf das Substrat streuen und untermischen – fertig!

IN VIER SCHRITTEN

Balkonpflanzen nachhaltig düngen

Bedarfsgerechtes Düngen zu Beginn der Sommersaison hält Ihre Balkonpflanzen topfit und sorgt für ein üppiges Blütenmeer. So werden Sie sich in nur vier Schritten und mit etwas Grundwissen zu einem Meister der Pflanzenernährung mausern.

LANGZEITDÜNGER MIT ZEITERSPARNIS

Stark wachsende Balkonpflanzen haben spätestens nach vier bis sechs Wochen die Nährstoffe des Substrates verbraucht. Die Folge: Bei Nährstoffmangel stockt das Wachstum, die Blätter werden hell und die Anzahl der schmückenden Blüten geht sichtbar zurück. Entweder Sie fangen spätestens jetzt an flüssig nachzudüngen (S. 88) oder Sie haben bereits vorgesorgt. Denn beim Bepflanzen des Balkonkastens können Sie sogenannte Langzeitdünger in granulierter oder umhüllter Form dem Substrat beimischen. Besonders zu empfehlen sind umhüllte Depotdünger, die Ihre Pflanzen über die komplette Saison versorgen.

BEDARFSGERECHT DÜNGEN IN VIER SCHRITTEN

Für Wachstum und Blütenreichtum benötigen Balkonpflanzen alle Haupt- und Spurennährstoffe, die der verwendete Dünger im Gesamtpaket enthalten sollte. Stickstoff (N) gilt dabei als Orientierungsgröße. Um die richtige Düngermenge berechnen zu können, sollten Sie deshalb den Stickstoffbedarf Ihrer Pflanzen heranziehen (s. Tabelle S. 89).

Schritt 1: Stickstoffbedarf des Balkonkastens ermitteln [→a]

Pflanzenart	Stickstoffbedarf (N) pro Pflanze	Pflanzen pro Balkonkasten	Stickstoffbedarf pro Balkonkasten
Geranie	5 g N	x 1	= 5 g N
Mädchenauge	5 g N	x 1	= 5 g N
Eisenkraut	8 g N	x 1	= 8 g N
Husarenknopf	5 g N	x 1	= 5 g N
Prachtlobelie	5 g N	x 1	= 5 g N
	Summe Stickstoffbedarf		= 28 g N

Schritt 2: Enthaltene Stickstoffmenge im Substrat berücksichtigen [→b]. Angaben hierzu befinden sich auf dem Erdsack.

Stickstoff (N) im Substrat	= 0,3 g N pro Liter
Volumen des Balkonkastens	= 20 Liter
Stickstoffvorrat im Substrat pro Balkonkasten	= 0,3 g N × 20 Liter = 6 g N

Schritt 3: Fehlende Stickstoffmenge berechnen [→b]

Stickstoffbedarf (N) pro Balkonkasten	= 28 g N
minus Stickstoffvorrat im Substrat	= 6 g N
Zu düngende Stickstoffmenge pro Balkonkasten	= 22 g N

Schritt 4: Düngerbedarf für den Balkonkasten bei Verwendung eines Depotdüngers mit 15 % Stickstoff [→c+d]

Zu düngende Stickstoffmenge pro Balkonkasten	= 22 g N
Der verwendete Depotdünger enthält 15 % Stickstoff, Kalkulation der Düngermenge über Dreisatz	× 100
	: 15
Düngermenge pro Balkonkasten	= 147 g Depotdünger

Die Düngermenge für die ausgesuchte Balkonkastenbepflanzung würde demnach bedarfsgerecht bei 147 g eines umhüllten Depotdüngers liegen, der 15 % Stickstoff und entsprechend auch alle weiteren Haupt- und Spurennährstoffe enthält. Diese mischen Sie der Blumenerde bei [→e] und Ihre Blütenkombination ist optimal über den ganzen Sommer versorgt.

SOMMER

RICHTIG DÜNGEN
Was Ihre Pflanzen wirklich brauchen

Prachtvolle Blüten, dunkelgrünes Laub, üppiges Wachstum und eine reiche Ernte – Voraussetzung hierfür ist, dass Sie die Nährstoffansprüche Ihrer Pflanzen kennen und ihnen auch das geben, was sie wirklich brauchen.

DIESEM ZAUBERGLÖCKCHEN fehlt pflanzenverfügbares Eisen! Mit einem speziellen Eisendünger werden die Blätter schon bald wieder vollständig grün sein.

Vier bis sechs Wochen nach der Pflanzung haben Ihre Pflanzen Hunger, wenn Sie das Substrat nicht zusätzlich mit Depotdünger versorgt haben (S. 87). Jetzt heißt es, die zum Wachstum und Blütenreichtum notwendigen Nährstoffe in flüssiger Form zu verabreichen. Verwenden Sie einen mineralischen Mehrnährstoffdünger, der für alle Pflanzenarten geeignet ist. Eine Zahlenkombination auf der Verpackung verrät Ihnen die Nährstoffgehalte: 15-11-15 besagt, dass der Dünger 15 % Stickstoff, 11 % Phosphor und 15 % Kalium enthält. Magnesium, Calcium und Schwefel sind weitere Hauptnährstoffe, die in größeren Konzentrationen vorliegen. Spurenelemente wie Eisen, Mangan, Kupfer, Bor, Zink oder Molybdän sind zwar in geringeren Mengen vorhanden, aber genauso wichtig. Denn sobald die Versorgung mit einem dieser Nährstoffe unzureichend ist, zeigen sich schnell Wachstumsstillstand oder sogar Mangelsymptome, wie beispielsweise:

- Stickstoffmangel: ältere Blätter werden blass und vergilben
- Phosphormangel: Pflanze bleibt insgesamt zu klein
- Kaliummangel: schlaffe Blätter, die am Rand eintrocknen
- Magnesiummangel: hellgelbe Blattflächen an älteren Blättern, Blattadern grün
- Eisenmangel: hellgelbe Blattflächen an jüngsten Blättern, Blattadern grün

Ganz wichtig: Viel hilft nicht immer viel. Bei zu hohen Düngergaben steigt der Salzgehalt in der Balkonpflanzenerde, wodurch Wurzelschäden entstehen können, die zu einer schlechteren Wasseraufnahme oder sogar zu Verbrennungen führen.

SO WIRD FLÜSSIG DOSIERT

Mehrnährstoffdünger werden in Form von Nährsalzen je nach Nährstoffbedarf „niedrig, mittel, hoch" in Konzentrationen von 1 bis 2 g pro Liter Wasser im Gießwasser aufgelöst, damit werden dann die Pflanzen durchdringend gegossen. Oftmals befinden sich die Mehrnährstoffdünger bereits in gelöstem, flüssigem Zustand und sind entsprechend mit 1 bis 2 ml pro Liter Wasser zuzumischen. Sie haben den Vorteil, dass sie sehr schnell wirken und sich einfach anwenden lassen. Um im Hochsommer eine ausreichende Nährstoffversorgung sicherzustellen, sollten Sie die Flüssigdüngung zwei- bis dreimal pro Woche durchführen, wenn Sie keinen Depotdünger zugemischt haben. Ein ausgeglichenes Nährstoffverhältnis von 15-11-15 eignet sich für alle Balkonpflanzen.

NASCHPFLANZEN ORGANISCH ERNÄHREN

Wenn Sie Ihre Naschpflanzen nach biologischen Gesichtspunkten mit Nährstoffen versorgen möchten, sind organische Dünger erste Wahl. Sie wirken nicht sofort, sondern müssen erst durch Mikroorganismen aufgeschlossen werden, die ihre Nährstoffe somit pflanzenverfügbar machen. Wie schnell das geht, hängt ab von der Körnung der Dünger. Bestes Beispiel hierfür sind Horndünger in verschiedenen Zermahlungsgraden: Hornmehl = schnelle Nährstoffverfügbarkeit, Horngrieß = mittlere und Hornspäne = langsamere.

In der Regel sind Bio-Substrate für die Anfangszeit von vier bis sechs Wochen ausreichend mit organischen Düngern bevorratet. Möchten Sie weiter biologisch gärtnern, können Sie für Ihre Naschpflanzen nach ca. sechs Wochen einen organischen Flüssigdünger auf Basis von Vinasse (Rückstand aus der Zuckerrübenherstellung) verwenden. Halten Sie sich dabei am besten an die Herstellerangaben auf der Verpackung. Es empfiehlt sich, Untersetzer zu benutzen, um eine mögliche Verschmutzung der Fassade oder des Bodenbelages zu verhindern. Vorsicht gilt bei der Verwendung von Blumenkästen mit Wasserspeicher: Werden organische Flüssigdünger mit Wasser verdünnt ausgebracht und im Bodenreservoir gespeichert, kommt es hier bereits nach kurzer Zeit zu Gärungsprozessen. Unangenehme Gerüche sind die Folge. Übrigens: Auch Ihre Balkon- und Kübelpflanzen lassen sich mit organischen Düngern versorgen.

NÄHRSTOFF-STUFEN Da sich Pflanzen im Balkonkasten aufgrund des beengten Raumes nicht so stark entwickeln können wie Einzelpflanzen, empfiehlt es sich, die untere Dosierung aus der jeweiligen Nährstoffstufe zu wählen. Bei Solitärpflanzen im Kübel können Sie die höhere Dosierung ansetzen.

Stickstoffbedarf verschiedener Balkonpflanzen für die Sommersaison (Quelle: LVG Heidelberg)

Pflanzenart	Botanischer Name	Stickstoffbedarf*
Begonie (Knollen-)	*Begonia*-Cultivars (Tuberhybrida Gruppe)	mittel
Blaue Kapaster	*Felicia amelloides*	mittel
Duftsteinrich	*Lobularia maritima*	niedrig
Edellieschen	*Impatiens-Cultivars-Neuguinea*	mittel
Eisenkraut	*Verbena*-Hybriden	hoch
Elfenspiegel	*Nemesia fruticans*	mittel
Elfensporn	*Diascia barberae*	hoch
Fächerblume	*Scaevola aemula*	hoch
Fleißiges Lieschen	*Impatiens walleriana*	niedrig
Fuchsie	*Fuchsia*-Cultivars	mittel
Geranie (stehend)	*Pelargonium zonale*	mittel
Geranie (hängend)	*Pelargonium peltatum*	mittel
Goldtaler	*Asteriscus maritimus*	mittel
Gundermann	*Glechoma hederacea*	mittel
Harfenstrauch	*Plectranthus fruticosus*	hoch
Husarenknopf	*Sanvitalia procumbens*	mittel
Jasmin-Nachtschatten	*Solanum jasminoides*	mittel
Kapkörbchen	*Osteospermum ecklonis*	mittel
Mädchenauge	*Coreopsis verticillata*	mittel
Männertreu	*Lobelia erinus*	niedrig
Mickeymausblümchen	*Cuphea llavea*	hoch
Minipetunie, Zauberglöckchen	*Calibrachoa*-Cultivars	hoch
Mittagsgold	*Gazania*-Hybriden	mittel
Petunie	*Petunia × atkinsiana*	hoch
Prachtlobelie	*Lobelia × speciosa*	mittel
Schneeflockenblume	*Sutera cordata*	niedrig
Silberkraut	*Senecio cineraria*	mittel
Strohblume	*Helichrysum bracteatum*	mittel
Studentenblume	*Tagetes patula*	mittel
Vanilleblume	*Heliotropium aborescens*	mittel
Wandelröschen	*Lantana-Camara*-Hybriden	hoch
Zweizahn	*Bidens ferulifolia*	hoch

* niedrig = 3 bis 5 g N, mittel = 5 bis 8 g N, hoch = 8 bis 10 g N pro Pflanze und Saison

Die Wuchseigenschaften und somit der Nährstoffbedarf können sich sortenabhängig etwas unterscheiden. Nähere Informationen erhalten Sie bei Ihrem Gärtner.

SOMMER

DAS IST *wirklich* WICHTIG

[a] KNIPSEN SIE mit Echtem Mehltau befallene Rosmarinblätter heraus, wenn der Rest der Pflanze noch „sauber" ist.

[b] EFFEKTIVER ABFANGJÄGER Die Gelbtafel mit einer Vielzahl an Weißen Fliegen und Trauermücken als Beute.

[c] ROSENBLÄTTER MIT STERNRUSSTAU sollten ebenfalls entfernt werden, um den Befallsdruck auf die gesunden Blätter zu verringern.

[d] MIT GARTENHANDSCHUHEN „bewaffnet", streifen Sie Blattläuse einfach von der Pflanze ab.

[e] SCHACHTELHALMAUSZÜGE wöchentlich auf die Pflanzen gesprüht, helfen gegen Pilzkrankheiten auf Blatt und Früchten.

[a]

[b]

[c]

[d]

[e]

ERSTE HILFE

für Ihre Pflanzen

Mit kleinen Kniffs können Sie Ihren Pflanzen zu Hilfe eilen oder sie bereits vorbeugend fit machen, wenn sich ungebetene Gäste wie Blattläuse bei Ihnen auf Balkon oder Terrasse ausbreiten wollen.

Außer Ihnen gibt es noch andere, die an prächtig blühenden oder Früchte tragenden Balkonpflanzen interessiert sind: Schädlinge wie Blattläuse oder auch Pilzkrankheiten wie der Echte Mehltaupilz. Kontrollieren Sie Ihre Pflanzen deshalb regelmäßig, denn frühzeitig entdeckt, reichen meist schon wenige Handgriffe aus, um die Plagegeister wieder zu vertreiben. Und das Ganze ohne die „chemische Keule", die auf Balkon und Terrasse ohnehin nichts zu suchen hat.

BEFALLENE PFLANZENTEILE ENTFERNEN

Echter Mehltau ist wahrscheinlich die Pilzkrankheit, die im Topfgarten am häufigsten auftritt. Typisch ist der weiße Pilzbelag, der die Blattoberseite überzieht. Wenn sich der Pilz, wie hier beim Rosmarin, noch nicht allzu sehr ausgebreitet hat, können Sie die befallenen Blätter mit den Fingern entfernen [→a]. Oft wird dadurch die weitere Ausbreitung gestoppt, zumindest aber geht sie wesentlich langsamer voran. Bei einem derart niedrigen Befallsniveau lohnt es keinesfalls, über Pflanzenschutzmittel nachzudenken. Vor allem auch deswegen, weil es sich um essbare Kräuter handelt. Wenn Sie den Sternrußtau bei Rosen in den Griff bekommen möchten, empfiehlt sich ein ähnliches Vorgehen. Entfernen Sie die befallenen Blätter mit einer Gartenschere [→c] und sammeln Sie die bereits herabgefallenen Blätter auf. Auch der Grauschimmelpilz lässt sich auf diese Art und Weise eindämmen. Und wenn Sie an der Kapuzinerkresse eine frische Blattlauskolonie entdecken, dann bietet es sich auch hier an, entweder die Blattläuse abzustreifen [→d] oder aber den Trieb zu „opfern" und rauszunehmen.

GELBTAFEL ALS ABFANGJÄGER NUTZEN

Eine weitere gute Möglichkeit, Schädlinge auf Balkon und Terrasse mechanisch zu minimieren, ist es, ihnen die gelbe Karte zu zeigen. Viele fliegende Schädlinge wie Weiße Fliegen, Trauermücken, Minierfliegen oder geflügelte Blattläuse reagieren auf die Gelbtafeln, fliegen sie an und bleiben auf dem giftfreien Spezialleim haften. Die hier gefangenen Weißen Fliegen können der Tomate und dem Paprika nicht mehr gefährlich werden [→b]. Häufiges Bewegen der Pflanzen sorgt dafür, dass die Schadinsekten auffliegen und die Klebfallen ansteuern. Setzen Sie übrigens die Gelbtafeln bitte nur bei Schädlingsbefall ein, keineswegs vorbeugend. Denn der Nachteil ist, dass die Tafeln gelegentlich auch nützliche oder harmlose Insekten anlocken.

SENSIBLE PFLANZEN STÄRKEN

Besonders anfällige Pflanzenarten werden Jahr für Jahr immer wieder von den gleichen Schädlingen oder Pilzkrankheiten wie dem Echten Mehltau befallen. Wöchentliche Spritzungen mit Rainfarn- oder Schachtelhalmbrühen, die Sie selber als Kaltauszug ansetzen oder als natürliche Pflanzenextrakte auch im Handel kaufen können, helfen die Zellwände zu stärken und gesund zu bleiben [→e]. Eventuell lässt sich die Infektion damit herauszögern oder aber sogar vollständig vermeiden. Probieren Sie es doch mal aus!

KALTAUSZUG SELBST ANSETZEN 100 g Rainfarn- oder Schachtelhalmkraut pro Liter Wasser in einem Gefäß mit Deckel 24 Stunden ziehen lassen, absieben und dann 1:5 mit Wasser verdünnt ausbringen.

PFLANZENGESUNDHEIT
im Einklang mit der Natur

Wenn die Erste-Hilfe-Maßnahmen nicht so recht fruchten und Sie mit Pflanzenschutzmitteln nachhelfen möchten, dann verwenden Sie am besten nur solche, die unsere Nützlinge als Verbündete schonen.

Ob gewollt oder eher zufällig: Wenn Sie robuste, widerstandsfähige Sorten von guter Qualität kaufen, haben Sie bereits im Vorfeld einiges zur Erhaltung der Pflanzengesundheit beigetragen.

Wie bei uns Menschen hilft auch eine ausgewogene Ernährung, um gesund zu bleiben. Vermeiden Sie es, Ihren Pflanzen zu viel Stickstoff anzubieten, denn das macht die Zellen weich und die Pflanzen interessanter für Blattläuse.

Eine kaliumbetonte Düngung dagegen steigert die Widerstandsfähigkeit. Auch sollten Ihre Balkonpflanzen nicht zu oft unter Wassermangel leiden, denn dann schwinden die Abwehrkräfte besonders.

Die kleinen Raubmilben sind in Fachgartencentern oder im Internet von verschiedenen Anbietern zu beziehen.

Natürliche Pflanzenschutzmittel anwenden

Wirkstoff	Einsatz gegen	Nicht bienen-gefährlich	Nützlings-schonend
Azadirachtin (Neem)	Blattläuse, Spinnmilben, Weiße Fliege, Thripse, Zikaden	×	×
Kaliseife	Blattläuse, Spinnmilben, Weiße Fliege	×	×
Quassia	Blattläuse, Zikaden	×	×
Pyrethrine	Blattläuse, Spinnmilben, Weiße Fliege, Thripse, Schild-, Woll- und Schmierläuse, Zikaden	×	–
Paraffinöl	Schild-, Woll- und Schmierläuse, Spinnmilben	×	×
Rapsöl	Schild-, Woll- und Schmierläuse, Spinnmilben, Blattläuse, Weiße Fliege	×	–
Spinosyn	Thripse, Raupen	–	×
Bacillus thuringiensis	Raupen	×	×
Lecithin	Echter Mehltau	×	×
Fettsäuren, Algenextrakte	Pilzkrankheiten (vorbeugend, Erhöhung der Widerstandsfähigkeit)	×	–

Die Mittel sind entsprechend den Händlerangaben auf der Verpackung auszubringen.

FRESSEN ODER GEFRESSEN WERDEN

So lautet das Prinzip in der Natur, wodurch automatisch ein natürliches Gleichgewicht hergestellt wird. Das gilt nicht nur für Bussard und Mäuse, sondern auch für Marienkäfer und Läuse. Etwas nachhelfen ist erlaubt, wie beispielsweise die gezielte Ausbringung von Raubmilben gegen Thripse oder die Gemeine Spinnmilbe. Obendrein sorgt ein gefräßiger Allrounder unter den Nützlingen für Aufsehen, auf dessen Speiseplan neben Spinnmilben und Thripsen auch Blattläuse stehen. Die Rede ist von der Florfliegenlarve *Chrysoperla carnea*, die so gefräßig ist, dass sie bei Hungersnot selbst vor ihren eigenen Artgenossen nicht haltmacht. Deswegen werden die kleinen Kannibalen auch in Pappzellen mit einzelnen Zellen verschickt, damit sie sich auf dem Weg zu Ihnen nicht gegenseitig auffressen.

Wenn Sie möchten, dass Nützlinge wie die Florfliege, Schlupfwespen oder auch Marienkäfer nicht nur auf dem Postweg, sondern auch auf natürlichem Wege zu Ihnen finden, lohnt es sich, ihnen ein Insektenhotel und viele ungefüllt blühende Pflanzen als Nektarspender anzubieten (S. 60–61). Auch Schwebfliegen lassen sich so anlocken. Ihre weißlichen Eier legen sie in der Nähe der Beutetiere ab. Aus ihnen schlüpfen dann die fußlosen Larven, die sich ganz unerschrocken über ganze Blattlauskolonien hermachen.

NATÜRLICHE PFLANZEN-SCHUTZMITTEL

Wenn Sie trotz aller Erste-Hilfe-Maßnahmen keine Verbesserung sehen und als letzte mögliche Maßnahme auf Pflanzenschutzmittel zurückgreifen möchten, dann verwenden Sie am besten nur solche mit Wirkstoffen natürlicher Herkunft. Sie hinterlassen keine Rückstände und sind für Mensch, Tier und Umwelt einschließlich Bienen und anderer Nützlinge weitestgehend unbedenklich. Der Vorteil der Naturstoffe liegt in ihrem raschen Abbau, weshalb sie auch im ökologischen Landbau zugelassen sind. Setzen Sie aber bitte auch diese Mittel nur sparsam und gezielt ein! Genaue Angaben zur Naturverträglichkeit der Wirkstoffe finden Sie auf der Verpackung, einen Überblick liefert die Tabelle.

SOMMER

[1]

[2]

[3]

[4]

SCHÄDLINGE
und Pilzbefall erkennen

Ist der Bösewicht aufgespürt und identifiziert, kann er wirkungsvoll vertrieben werden. Ein geschultes Auge hilft, die richtige Diagnose zu stellen und Gegenmaßnahmen einzuleiten.

ROSTPILZE [1]
Schadbild: Rostbraune, punktförmige Pusteln auf der Blattunterseite, die sich ringförmig ausbreiten. Auf der Blattoberseite entstehen helle Flecken, später braune Verfärbungen und Absterben der Blätter.
Ursache: Braune Pusteln sind Sporenträger, den Zellen werden Nährstoffe entzogen.
Vorbeugen: Sortenunterschiede in der Anfälligkeit nutzen. Wöchentliche Spritzungen mit Rainfarn- oder Schachtelhalmbrühen, Fettsäuren und Algenextrakte zur Stärkung anfälliger Pflanzen.
Bekämpfen: Befallene Stellen entfernen

ECHTER MEHLTAU [2]
Schadbild: Weißer mehliger Belag meist auf der Blattoberseite, auf Stielen, Knospen, Blüten oder Früchten, abwischbar. Bei starkem Befall ist auch die Blattunterseite betroffen, Wachstumsstörungen und Vertrocknen der befallenen Pflanzenteile sind die Folge.
Ursache: Das weiße Pilzmycel verbreitet sich flächenartig über die ganze Pflanze, vor allem bei sonniger, warmer Witterung mit nächtlicher Taubildung.
Vorbeugen: Widerstandsfähige Sorten wählen. Wöchentliche Spritzungen mit Rainfarn- oder Schachtelhalmbrühen, Fettsäuren und Algenextrakten, um Pflanzen zu stärken. Feuchte Blätter über Nacht vermeiden.

Bekämpfen: Befallene Pflanzenteile entfernen, Präparate mit Lecithin bei ersten Befallsanzeichen spritzen.

FALSCHER MEHLTAU [3]
Schadbild: Auf der Blattunterseite weiß- bis mausgrauer Schimmelrasen, auf der Blattoberseite gelbliche Flecken, die oft kompakt und scharf abgegrenzt sind. Als Folge verlieren die Pflanzen viele Blätter.
Ursache: Keimende Sporen dringen über Spaltöffnungen auf der Blattunterseite in das Gewebe ein und breiten sich bei kühler und feuchter Witterung stark aus.
Vorbeugen: Widerstandsfähige Sorten wählen. Für ein schnelles Abtrocknen der Pflanzen sorgen, daher nicht zu dicht pflanzen, Naschobst öfters auslichten. Wöchentliche Spritzungen mit Rainfarn- oder Schachtelhalmbrühen, Fettsäuren und Algenextrakten stärken die Zellwände.
Bekämpfen: Befallene Blätter entfernen

GRAUSCHIMMEL [4]
Schadbild: Grauer, stäubender Pilzrasen auf Blättern, Stängeln, Knospen oder Früchten, bei geschwächten Pflanzen und abgestorbenem Pflanzenmaterial
Ursache: Häufiges Auftreten des Grauschimmelpilzes *(Botrytis)* bei Stickstoff-

überschuss, Lichtmangel sowie bei kühler und feuchter Witterung
Vorbeugen: Pflanzen regelmäßig durchputzen, für schnelles Abtrocknen der Blätter sorgen, lockerer und luftiger Standort
Bekämpfen: Befallene Stellen entfernen

THRIPSE [5]

Schadbild: Auf Blättern und Blüten (Blütenthrips) weiße bis gelbe, punktartige Flecken, zum Teil mit kleinen schwarzen Kothäufchen. Bei starkem Befall werden die Blätter silbrig weiß. Junge Pflanzenteile wie Blätter, Knospen oder Blüten verkrüppeln und trocknen ein.
Ursache: Saugtätigkeit oft blattunterseits oder in der Blüte von 1 bis 2 mm langen, schmalen, gelblichen bis schwarzen Tieren, mit Fransen besetzte Flügel
Vorbeugen: Kontrolle durch Aufhängen von Blautafeln oder Ausklopfen der Blüte auf die flache Hand oder ein Blatt Papier, auf dem Blütenthripse gut zu erkennen sind. Wenige Tierchen können großen Schaden verursachen, vor allem an blauen Blüten.
Bekämpfen: Mit Florfliegenlarven (*Chrysoperla carnea*) und Raubmilben (*Amblyseius* ssp.), die auch vorbeugend eingesetzt werden, Einsatz von Neem oder Pyrethrine

SPINNMILBEN [6]

Schadbild: Fahler Farbton auf Blättern und Blüten, die Blattoberseite ist mit hellen, weißgelben Punkten gesprenkelt, bei starkem Befall mit feinen Gespinsten überzogen. Blätter, Knospen und Blüten werden braun und vertrocknen.
Ursache: Starke Saugtätigkeit der winzigen, nur bis 0,5 mm großen hellgrünen oder rötlichen Milben
Vorbeugen: Für ein kühles Mikroklima sorgen, indem Sie tagsüber anfällige Pflanzen mit Regenwasser besprühen
Bekämpfen: Mit Florfliegenlarven und Raubmilben (*Phytoseiulus persimilis* sowie *Amblyseius* ssp.), letztere auch vorbeugend, zudem Kaliseife, Ölpräparate oder Neem

BLATTLÄUSE [7]

Schadbild: Meist junge Blätter und Triebe rollen ein, Verfärbungen und Verkrüppelungen durch Virenübertragung, später Wachstumsstörungen oder Absterben befallener Triebe. Honigtauausscheidung verursacht schwarze Rußtaupilze.
Ursache: Saugtätigkeit und ausgeschiedene Giftstoffe von verschiedenen Blattlausarten in unterschiedlichen Farben und Größen
Vorbeugen: Trockenstress für Balkonpflanzen vermeiden, windoffene Lagen für gefährdete Pflanzenarten bevorzugen. Nützlinge wie Marienkäfer, Schlupfwespen, Gallmücken oder Schwebfliegen anlocken und fördern.
Bekämpfen: Abstreifen oder mit Wasserstrahl abspritzen, bei Zierpflanzen Schmierseife hinzusetzen. Zweige mit starkem Befall besser entfernen. Einsatz von Florfliegenlarven oder Neem, Kaliseife, Quassia, Rapsöl, notfalls Pyrethrine.

WEISSE FLIEGE [8]

Schadbild: Auf der Blattoberseite zunächst kleine gelbe Flecken, später Vergilben, Welken und Vertrocknen der Blätter. Durch Honigtauausscheidung entwickelt sich Rußtaupilz mit verschmutzten schwarzen Blättern.
Ursache: Saugtätigkeit der auf der Blattunterseite sitzenden, bis 2 mm großen, weiß bepuderten, geflügelten Tiere und der flachen hellgrünen Larven.
Vorbeugen: Luftige Plätze wählen. Nützlinge anlocken und fördern. Zeigerpflanzen wie Wandelröschen oder Tomaten gut kontrollieren, denn sie ziehen die Weiße Fliege magisch an.
Bekämpfen: Gelbtafeln dienen zum Abfangen der Fluginsekten, hierfür ab und an Pflanzen bewegen, denn bei Berührung fliegen sie sofort auf. Einsatz von Florfliegenlarven oder Kaliseife, Rapsöl, Neem oder notfalls Pyrethrine.

[5]

[6]

[7]

[8]

SOMMER

[a]

DAS IST *wirklich* WICHTIG

[a] FORMIEREN SIE das eine Ende des Edelstahlseiles in der Klemmschelle als Schlaufe und ziehen Sie die Muttern zu.

[b] HÄNGEN SIE DAS EDELSTAHLSEIL zusammen mit der Spannschraube an einer Vorrichtung ein, in diesem Fall ein Stahlpfosten. Alternativ wäre auch ein gedübelter Haken in der Hauswand möglich.

[c] DIE GARDINENHAKEN werden im gleichmäßigen Abstand an den Stoff geklemmt.

[d] SCHNELL LÄSST SICH DER VORHANG mit den Gardinenhaken am Edelstahlseil befestigen.

[b]

[c]

[d]

BLICKDICHT

Ruckzuck einen einfachen Sichtschutz bauen

Für das Wohnzimmer im Grünen ist Geborgenheit der Wohlfühlfaktor Nr. 1.
Das geht allerdings nur, wenn man nicht unmittelbar auf dem Präsentierteller sitzt.
Einfache Vorhänge sind schnell gespannt.

Zum Lieblingsplatz werden der Balkon oder die frisch ange-legte Terrasse erst, wenn man sie vor neugierigen Blicken schützt. Auch Umwelteinflüsse wie Lärm, Abgase, Staub, Wind und Sonne können durch entsprechende Maßnahmen zumindest abgeschwächt werden.
Eine große Auswahl an Zaunelementen als Sichtschutz gibt es in Holz oder Kunststoff. Hier ist sicher für jeden Geschmack und Geldbeutel etwas dabei. Wie viele Elemente Sie benötigen, sollten Sie zusammen mit Ihrer Familie festlegen. Bedenken Sie bei Ihrer Entscheidung aber, dass ein totales Verbarrika-dieren mit Holzelementen, Hecken oder gar Mauern zwar alle Blicke von außen abwehrt, Sie aber gleichbedeutend auch nicht mehr durch das eine oder andere Guckloch auf die Straße schauen können. Schnell könnte ein Gefühl der Enge oder des „Eingesperrtseins" entstehen.

SICHTSCHUTZ – SCHNELL UND EINFACH

Der Wunsch nach Geborgenheit muss auch nicht jeden Tag gleich stark ausgeprägt sein. Zudem ist man gerade im Frühling oder Herbst froh, wenn die Sonne unbeeinträchtigt den Weg auf die Terrasse findet. Für diese Fälle bietet sich ein Vorhang als Sichtschutz an, den Sie je nach Stimmungs- oder Wetterlage schnell auf- und wieder abhängen können. Sie brauchen dafür lediglich ein Edelstahlseil, zwei Klemmschel-len, zwei Spannschrauben, Gardinenhaken mit Klemme und zwei schöne Stoffe als Vorhang.

Der Reihe nach: Zunächst legen Sie das eine Ende des Edelstahlseiles in Form einer Schlaufe in die Klemmschelle und ziehen die Muttern zu [→a]. Mit dem zweiten Ende gehen Sie gleichermaßen vor. Anschließend wird die Schlaufe in den Haken der Spannschraube gelegt und zusammen mit dieser an einer Vorrichtung eingehängt [→b]. In unserem Beispiel ist es ein bereits montierter Stahlpfosten, die Hauswand als Fixpunkt wäre ebenfalls möglich. Auf der anderen Seite wiederholen Sie diesen Arbeitsschritt. Mit der Spannschraube wird das Edelstahlseil richtig auf Spannung gebracht. Nun befestigen Sie die Gardinenhaken mit den Klemmen an den beiden Stoffen [→c]. Je mehr Haken Sie zur Verfügung haben, umso dichter können Sie den Abstand wählen. Mit einer klei-nen Stehleiter oder einem „Tritt" geht das Einhängen des Vor-hanges einfach und schnell [→d]. Entsprechend zügig ist der Vorhang auch wieder abgehängt. So, jetzt heißt es nur noch: Vorhang zu für einen ungestörten, gemütlichen Nachmittag auf dem Balkon oder der Terrasse mit Familie und Freunden.

WETTERFESTER STOFF

Wenn Ihnen der Umstand des Auf- und Abhängens des Vorhanges zu aufwendig erscheint, können Sie sich auch für einen wetterfesten Stoff entscheiden. Damit dieser allerdings bei Regen oder Sturm nicht zu sehr in Mitleidenschaft gezogen wird, sollte sich der Vorhang bei Nichtgebrauch trocken und zusammengebunden am Ausgangspunkt des Edelstahlseiles (Pfosten, Hauswand) befinden. Über den Winter sollten Sie aber auch diesen Stoff besser geschützt im Haus einlagern.

SICHTSCHUTZ-ELEMENTE
für jeden Geschmack

Es gibt zahlreiche Möglichkeiten, seinen Balkon oder die Terrasse schützend zu umgeben. Welcher Sichtschutz für Sie infrage kommt, dürfen Sie nun selbst entscheiden.

NATÜRLICHER CHARME

Wenn Sie für Ihren Balkon eine schnelle und preisgünstige Lösung für mehr Geborgenheit suchen, dann sind Sichtschutzelemente aus Schilf, Weide oder Bambus genau das Richtige. Sie lassen sich gut am Balkongeländer befestigen und stehen für einen natürlichen, fast rustikalen Look. Die einzelnen Halme, Stäbe oder Rohre werden mit verzinktem und somit rostgeschütztem Draht zu Matten zusammengebunden. Durch ihre Elastizität sind sie so flexibel einsetzbar, dass sie sich auch am Balkongeländer recht gut um eine Ecke herumführen lassen. Gleiches gilt für Balkonverkleidungen in Rattanoptik.

Wer es rustikaler mag, darf sich auch an der Flechtkunst mit Weidenruten versuchen. So schwer ist es nicht: Stecken Sie dicke Triebe senkrecht in den Boden der Rabatte, anschließend werden dünnere Triebe dazwischen eingeflochten. Bedenken Sie dabei, dass frische Ruten leicht wieder austreiben können, wenn sie Bodenkontakt haben. Als I-Tüpfelchen können Sie jetzt noch Kapuzinerkresse aussäen, die Ihr Kunstwerk im Nu erobert – mehr Naturidylle geht fast nicht.

NESTWÄRME MIT STOFFEN

Gewebte strapazierfähige Stoffe werden im Handel als Wind- und Sichtschutz in den unterschiedlichsten Farben und Mustern angeboten.

Um auf dem Balkon auch vor neugierigen Blicken von oben zu schützen, eignen sich Markisen, die sich ohne viel Mühe an der tragenden Hauswand befestigen lassen. Neben mehr Vertrautheit sorgen sie zudem für einen Schutz vor zu starken Sonnenstrahlen. Ihr etwas verstaubtes Image haben Markisen zu Unrecht, denn die Auswahl an Markisenarten, Farben, Designs und Größen ist mittlerweile riesig. Um Fäulnis durch Nässe und Stockflecken zu vermeiden, sollten Sie die Markisen immer in gespanntem Zustand trocknen lassen. Und wenn dem Stoff durch Wind und Wetter stark zugesetzt wurde, kann die Bespannung in der Regel leicht selbst ausgetauscht werden.

Moderne Sonnensegel aus wetterfesten und lichtechten Materialien eignen sich in jeder gewünschten Abmessung ebenfalls als Sichtschutz nach oben. Befestigt werden sie entweder an der Hauswand oder mit Stützen und Abspannseilen. Ein besonderer Vorteil: Sonnensegel schützen auch vor Sonne, ohne zu sehr zu verdunkeln. Ähnlich wie Markisen und Sonnensegel erfüllen Sonnenschirme die Doppelfunktion des Sicht- und Sonnenschutzes. In allen Farben und Formen erhältlich, können Sie mit ihnen auch richtig schöne optische Akzente setzen. Für Mini-Balkone werden schmalere Schirme angeboten, die mit Klammern am Geländer festgeschraubt werden und somit auch ohne einen schweren und sperrigen Schirmständer auskommen.

ZÄUNE FÜR SCHNELLEN SICHTSCHUTZ

Zaunelemente als fertige Sichtschutzsysteme sind die klassische Sofortlösung mit einer Vielzahl an Formen, Farben und Mustern. Vom gewählten Material hängt der künftige Pflegeaufwand ab. Entweder sie bestehen aus Kunststoff und bieten den Vorteil der UV-Stabilität und Witterungsbeständigkeit oder sie sind aus Holz mit einer eher natürlichen, warmen Optik. Bei Letzterem bestehen abhängig von Holzart und Verarbeitung auch preislich große Unterschiede. In der Regel sind sie kesseldruckimprägniert und mit UV-Schutzöl behandelt. Wenn Sie das Holz nicht vergrauen lassen wollen, wird zusätzlich eine regelmäßige Nachbehandlung empfohlen. Dies gilt es vor allem dann zu bedenken, wenn Sie die Holzelemente mit mehrjährigen Kletterpflanzen kombinieren möchten. Generell sollten sich zwischen

Kletterpflanzen und der Holzoberfläche keine direkten Kontaktstellen ergeben, um die Belüftung und den Wasserabfluss nicht zu gefährden. Deshalb der Rat: Schaffen Sie Abstand, indem Sie für Kletterpflanzen vorgehängte Seil-, Stab-, Gitter- oder Netzsysteme verwenden.

LANGLEBIG AUS STEIN
Eine Lösung für die Ewigkeit scheinen Mauern aus Natur-, Ziegel- oder Betonsteinen darzustellen. Aber Vorsicht, schnell wirken Mauern allzu wuchtig. Sie sollten also in Dimension und Material auf das Wohnhaus abgestimmt sein. Besonders schön wirken Trockenmauern, für die ein stabiler Untergrund genügt. Wenn Mauern ungepflegt oder kühl wirken, können Sie diese mit Putz, Farbe oder Pflanzen wirkungsvoll aufpeppen.

SOMMER

[a]

[b]

[c]

DAS IST *wirklich* WICHTIG

[a] DIE JUNGEN GURKENPFLANZEN werden im Abstand von 20 cm mit einem stützenden Stab in den Kasten gesetzt. Blühende Duft-Wicken sind ideale Begleiter, um die Lücken am Fuße der Pflanzung zu füllen.

[b] LEGEN SIE DIE SCHNUR zum Aufbinden der Pflanze am besten direkt unter einem Blattknoten an oder direkt am Stab.

[c] BIETEN SIE UNTERSTÜTZUNG Regelmäßig müssen die rankenden Gurkentriebe um die Schnur herum nach oben geleitet werden.

[d] ANSCHLIESSEND WIRD DIE SCHNUR nach oben geführt und dort je nach Gegebenheit fixiert. Schon bald sind die ersten Blüten samt Gürkchen zu erkennen. Lassen Sie die Gurken bis zur Ernte nicht zu groß werden, das entlastet die Pflanzen und bringt mehr Früchte hervor.

> HELFEN SIE DEN PFLANZEN NACH OBEN ZU KLETTERN.

[d]

SICHTSCHUTZ

mit Kletterakrobaten

Wenn Kletterpflanzen auf Hochtouren in die oberen Regionen vordringen, sorgen sie auf Balkon und Terrasse neben Blüten und Blättern auch noch für ein angenehmes Mikroklima mit lauschiger Atmosphäre.

EIN- UND MEHRJÄHRIGE KLETTERER

Die vielseitigen Kletterer wie Glockenrebe, Schwarzäugige Susanne, Prunkwinde, Feuerbohne oder Kletterndes Löwenmaul gedeihen hervorragend in breiten Balkonkästen oder Kübeln. Die einjährigen Kletterpflanzen verzücken mit attraktiven Blüten, die sie bei guter Pflege unermüdlich den ganzen Sommer lang hervorbringen. Um vor neugierigen Blicken zu schützen, müssen Sie den Klettermaxen allerdings Rankgitter, -stäbe oder gespannte Drahtseile als Kletterhilfen anbieten. Auch mehrjährige Kletterpflanzen wie Rosen, Trompetenblume oder Blauregen eignen sich bestens für einen belebenden Sichtschutz. Hier sollten die Rankhilfen gut im Boden oder an der Hauswand verankert sein, denn die beliebten Himmelsstürmer können im Laufe der Jahre ordentlich an Umfang und Gewicht zulegen.

MEHR GEBORGENHEIT PLUS GESCHMACK

Schon mal an rankende und nach oben strebende Gemüsepflanzen als Sichtschutz gedacht? Mit ihrer unbändigen Wuchsfreude und dem großen, saftig grünen Laub sind Salatgurken eine gute Wahl, wenn es gilt, auf dem Balkon einfach und schnell eine lockere Sichtschutzwand mit reichlich Zusatznutzen zu gestalten. Schon bald wird der Durchblick von außen erschwert und die wohlschmeckenden Gürkchen kommen für Sie später als Bonus noch dazu. Setzen Sie hierfür die vorgezogenen Jungpflanzen im Abstand von ca. 20 cm in große Kübel oder Balkonkästen [→a]. Alternativ könnten Sie die Gurken auch direkt an Ort und Stelle aussäen. Um im unteren Bereich die Lücken zu schließen, eignen sich beispielsweise Duft-Wicken als flinke, lebhafte Schlinger, deren zarte, hübsche Blüten im besten Fall noch bei jedem leichten Windstoß einen wunderbaren Duft verströmen. Als Rankhilfe spannen Sie Schnüre, die Sie zuerst an die Pflanzen locker

anbinden [→b] und anschließend nach oben führen [→d], um sie dort am Vordach oder Balkongeländer des Obermieters zu befestigen. Die Gurken sollten regelmäßig um die Schnur herumgewickelt werden [→c]. So gehen sie keine Irrwege und bewegen sich auf dem schnellsten Weg nach oben. Lange wird es dann nicht mehr dauern, bis die ersten Früchte geerntet werden können.
Neben Salatgurken eignen sich für einen multifunktionalen Sichtschutz auch Bohnen, Erbsen oder Stabtomaten.

SICHTSCHUTZ MIT KÜBELPFLANZEN, BLUMENAMPELN UND FERTIGHECKEN

Etwas Zeit sollten Sie einplanen, bis sich die frisch gepflanzten Himmelsstürmer zu einer grünen Wand mit Gucklöchern entwickelt haben. Ergänzend könnten Sie sich mit weiteren Sichtschutzlösungen behelfen.
Ein Sichtschutz aus großen blühenden Kübelpflanzen ist nicht nur äußerst attraktiv, sondern nach dem Kauf sofort als mobile Einsatztruppe zum Schutz Ihrer Privatsphäre bereit. Sehr beliebt für diesen Zweck sind Oleander, Bougainvillee oder Engelstrompete, die ihre ganze Pracht in großen Kübeln rasch entfalten – sofern sie reichlich Wasser und Nährstoffe bekommen. Bedenken Sie aber, dass Sie für kälteempfindliche Exoten eine Möglichkeit zur Überwinterung benötigen. Ergänzend zu den Kübelpflanzen können Sie noch Blumenampeln aufhängen, die Sie mit schnell wachsenden Hängepflanzen bestücken. Als farbiger Kronleuchter in luftiger Höhe sorgen Petunien, Zauberglöckchen oder Hänge-Begonien dann für noch mehr Geborgenheit (siehe S. 20–21).

SOMMER

[1]

[2]

[3]

[4]

PFLANZEN-KLETTERER
Neugierige Blicke dürfen draußen bleiben

Bereits nach kurzer Zeit sorgen Kletterpflanzen als lebendiger Sichtschutz für angenehme Geborgenheit. Noch dazu befindet man sich fast dauerhaft in einem wahren Blütenrausch.

PASSIONSBLUME [1]
Passiflora caerulea
Aussehen: 3 bis 5 m Kletterhöhe. Mehrjähriger Wuchs.
Blüte: Weiß bis purpurrosa, auffallend
Blütezeit: Juni bis September
Standort: Sonnig und warm, windgeschützt im Kübel. Rankhilfe geben.
Vermehrung: Warme Anzucht von Kopfstecklingen, die als ca. 10 cm lange Triebspitzen dicht unter einem Blattknoten geschnitten und in feine Aussaaterde gesteckt werden. Die Schnittlinge 10 cm tief in ein mit humusreicher Erde und etwas Sand angereichertes Gefäß setzen, angießen nicht vergessen.
Pflege: Regelmäßig gießen, mittlerer bis hoher Nährstoffbedarf (S. 86–89), Überwinterung bei 8 bis 10 °C an einem hellen Standort. Zu lange oder unerwünschte Ruten im Frühjahr zurückschneiden.
Schädlinge: Spinnmilben, Thripse

GLOCKENREBE [2]
Cobaea scandens
Aussehen: 3 bis 5 m Kletterhöhe mit zwei- bis dreifach gefiederten Blättern mit Ranken. Einjähriger Wuchs.
Blüte: Große, glockenförmige Blüten mit deutlich herausragenden hellen Staubgefäßen, zuerst grün-weiß, später violett oder cremeweiß, süß-duftend
Blütezeit: Juli bis Oktober
Vermehrung: Warme Anzucht aus Samen ab März
Standort: Sonnig und warm, windgeschützt, in große und hohe Pflanzgefäße mit beispielsweise Bambusstäben als Rankgerüst
Pflege: Regelmäßig gießen, mittlerer bis hoher Nährstoffbedarf, bei zu hohen Düngergaben schießen die Pflanzen in die Höhe und mindern die Blühleistung. Verblühtes für eine Nachblüte auskneifen.
Schädlinge: Blattläuse

SCHWARZÄUGIGE SUSANNE [3]
Thunbergia alata
Aussehen: Kletterhöhe bis 2 m mit pfeil- bis herzförmigen Blättern und schlingenden Trieben. Einjähriger Wuchs.
Blüte: Cremefarbene bis orange Blüten mit schwarzem Auge
Blütezeit: Juni bis Oktober
Standort: Sonnig und warm, windgeschützt, als Kletterpflanze in Blumenkästen und Kübeln oder als Hängepflanze in Ampeln
Vermehrung: Warme Anzucht aus Samen ab März, Zukauf von Jungpflanzen ab Mai
Pflege: Regelmäßig gießen, hoher Nährstoffbedarf, Rankhilfe geben
Schädlinge & Krankheiten: Blattläuse, Spinnmilben und Weiße Fliege, Echter Mehltau

PRUNKWINDE [4]
Ipomea tricolor
Aussehen: 2 bis 3 m hoch mit herzförmigen windenden Trieben. Einjähriger Wuchs.
Blüte: Ständig neue große, trichterförmige Blüten in Blau bis Fliederfarben, öffnen sich morgens und welken am Nachmittag
Blütezeit: Juli bis Oktober
Vermehrung: Warme Anzucht aus Samen ab März
Standort: Sonnig und warm, windgeschützt, in Blumenkästen und Kübeln
Pflege: Regelmäßig gießen, hoher Nährstoffbedarf. Prunkwinden sind Linkswinder, die Pflanzen daher links herum hochleiten.
Schädlinge & Krankheiten: Spinnmilben, Echter Mehltau
Besonderheiten: Purpur-Prunkwinde (*Ipomea purpurea*) in Pink, Rot, Rosa, Weiß, Blautönen mit hellem Schlund und sternförmiger Zeichnung [→Bild]

DUFT-WICKE [5]
Lathyrus odoratus
Aussehen: Bis 2 m hoch, gefiederte Blätter mit Ranken. Einjähriger Wuchs.
Blüte: Schmetterlingsblüten in Lila, Rosa, Weiß, Creme oder Lachs, teils intensiver Blütenduft
Blütezeit: Juni bis Oktober
Standort: Sonnig und warm, windgeschützt, in Blumenkästen und Kübeln mit Rankhilfe
Vermehrung: Direktsaat ins Freie ab April
Pflege: Regelmäßig gießen, mittlerer Nährstoffbedarf, Verblühtes entfernen
Schädlinge & Krankheiten: Blattläuse, Echter Mehltau

CLEMATIS [6]
Clematis-Cultivars
Aussehen: 2 bis 5 m Kletterhöhe, aufrecht kletternd bis rankend. Mehrjähriger Wuchs.
Blüte: Einfach oder gefüllt, bis zu 10 cm groß in Blau, Rosa, Rot, Violett, Weiß
Blütezeit: Juni bis September
Standort: Sonnig bis halbschattig in Kübeln. Rankhilfe geben.
Vermehrung: Warme Anzucht von Stecklingen
Pflege: Regelmäßig gießen, mittlerer Nährstoffbedarf, Überwinterung im Freiland, dabei Kübel mit Reisig vor dem Durchfrieren schützen. Leichter Rückschnitt nach der ersten Blüte bei zweimal blühenden Hybriden, kräftiger Rückschnitt bei sommerblühenden Arten im Frühjahr.
Krankheiten: Clematiswelke
Besonderheiten: Pflanzung etwa 30 cm hoch mit Vorpflanzungen wie Sommerblumen beschatten, um dem Welkepilz entgegenzuwirken. Bei Befall die betreffenden braunen wie verwelkt aussehenden Triebe sofort vollständig entfernen.

TROMPETENBLUME [7]
Campsis × tagliabuana
Aussehen: 5 bis 10 m hoch, winden mit Haftwurzeln eigenständig. Mehrjährig.
Blüte: Trompetenförmig in Orange bis Rot
Blütezeit: Juli bis Oktober
Standort: Sonnig und warm, windgeschützt, in Kübeln
Vermehrung: Warme Anzucht von Stecklingen oder Absenker
Pflege: Regelmäßig gießen, hoher Nährstoffbedarf, Überwinterung im Kübel bei 5 bis 10 °C an einem hellen Standort, vor dem Einräumen zurückschneiden
Schädlinge: Blattläuse, Spinnmilben

KLETTERNDES LÖWENMAUL [8]
Asarina barclaiana
Aussehen: 2 bis 3 m Kletterhöhe mit herzförmigen bis efeuähnlichen Blättern und Blattstielranken. Einjähriger Wuchs.
Blüte: 4 bis 5 cm lange violettrosa Röhrenblüte mit weißem Schlund
Blütezeit: Juni bis Oktober
Standort: Sonnig bis halbschattig, windgeschützt, in Blumenkästen und Kübeln
Vermehrung: Aus Samen ab März
Pflege: Regelmäßig gießen, hoher Nährstoffbedarf, Rankhilfe geben

[5]

[6]

[7]

[8]

SOMMER

DAS IST
wirklich WICHTIG

[a] MIT ZIEGELSTEINEN sorgen Sie dafür, dass die Pflanzen in der passenden Wassertiefe stehen. Hier wird die Uferzone simuliert.

[b] DER PFENNIG-GILBWEIDRICH ist ein typischer Vertreter der Sumpfpflanzen und gehört deshalb an den Rand des Mini-Teiches in die Uferzone.

[c] WASSER MARSCH! Jetzt wird das ganze Kunstwerk zum Teich. Wichtig ist weiches Leitungs- oder Regenwasser.

[d] SCHWIMMPFLANZEN wie Wassersalat (vorne) treiben im Wasser losgelöst vom Boden.

[e] DIE HÖHE DER WASSERFONTÄNE ist verstellbar. Lustig wird's, wenn die höchste Stufe eingestellt ist und Sie nicht damit rechnen.

HALBSCHATTEN IST FÜR EINEN MINI-TEICH IDEAL.

MINI-WASSERGARTEN
im Fass

Die Faszination für Wasser und seine Pflanzen lässt sich auch auf kleinstem Raum erleben. Gerade auf sonnigen Balkonen oder Terrassen wirkt das Sprudeln und Plätschern erfrischend, lebendig und entspannend zugleich.

DER PERFEKTE STANDORT

Auch Wasserpflanzen brauchen Sonne zum Wachsen, das ist klar. Aber zu viel davon lässt die Algen sprießen und der Mini-Teich kann umkippen. Deshalb befindet sich der perfekte Standort im Halbschatten, wo Ihre Wasserpflanzen am besten vormittags oder gegen Abend vier bis fünf Sonnenstunden genießen dürfen. In voller Mittagssonne kann sich das Teichwasser tagsüber sehr stark aufheizen.

ATTRAKTIVE BEHÄLTER ALS WASSERBECKEN

Klein, aber oho! Zaubern Sie mit attraktiven Behältern eine kleine Wasseroase im Miniformat. Im Baumarkt finden Sie wasserdichte Gefäße aus Kunststoff, Holz oder Metall, die Platz für ein kleines Balkonbiotop bieten. Auch ausrangierte Aquarien eignen sich gut. Zu klein sollte der Behälter aber nicht sein (ab ca. 50 Liter), denn je größer das Wasservolumen ist, umso leichter lässt sich der Mini-Teich im ökologischen Gleichgewicht halten. Besonders beliebt mit natürlichem Charme: halbierte Bier-, Wein- oder Whiskeyfässer aus Holz, die oft in Kleinanzeigen angeboten werden. Die Fässer sind mit Folie auszulegen oder aber Sie finden einen wasserdichten Speiskübel, der genau in das Fass hineinpasst. Von schweren Steintrögen oder Betonbecken ist eher abzuraten, vor allem wenn Sie den Mini-Teich auf dem Balkon platzieren möchten. Nicht, dass die maximale Tragkraft auf diesem Balkonabschnitt überschritten wird.

SO ENTSTEHT EIN MINI-TEICH IM FASS

Sobald Sie alle Utensilien zusammenhaben, geht's los: das alte Holzfass mit passendem Speiskübel, helle Teich-Dekosteine für den Gefäßboden, Pflanzkörbe, Ziegelsteine zur Stufenschichtung, Wasserpflanzen wie Pfennig-Gilbweidrich, Schwimmfarn, Wasserhyazinthe, Wassersalat sowie eine Teichpumpe mit attraktivem Wasserspiel. Zunächst bringen Sie den Speiskübel gerade ausgerichtet in das Holzfass ein. Es folgen die zuvor gewaschenen Dekosteine, die Sie in einer Schicht von 5 bis 10 cm in das Gefäß füllen; zuletzt die Teichpumpe mit Wasserspiel.

Um eine niedrige Uferzone für die Sumpfpflanzen zu simulieren, benötigen Sie eine höhere Etage, die sich je nach Gefäß mit zwei oder drei Ziegelsteinen erzielen lässt [→a]. Darauf platziert, fühlt sich der Pfennig Gilbweidrich (*Lysimachia nummularia* 'Aurea') richtig wohl [→b]. Sein Pflanzkorb dient dazu, dass sich die Pflanzen nicht zu stark ausbreiten und sie zudem bequem wieder aus dem Mini-Teich herausgenommen werden können. Anschließend heißt es schon: Wasser marsch! Nehmen Sie möglichst weiches Leitungswasser oder Regenwasser aus der Zisterne [→c]. Kalkreiches Leitungswasser fördert Algenwachstum und führt schnell zu weißen Kalkrändern, die zum Vorschein kommen, wenn der Füllstand durch Verdunstung etwas niedriger wird. Ist der Mini-Teich vollständig gefüllt, können Sie die Schwimmpflanzen wie Wasserhyazinthe (*Eichhornia crassipes*), Wassersalat (*Pistia stratiotes*) [→d] oder Gewöhnlicher Schwimmfarn (*Salvinia natans*) vorsichtig ins Becken einlassen. Schließen Sie als letztes die Wasserspielpumpe an die Steckdose an [→e]. Dabei sollte auch bei Wind kein Wasser neben den Behälter spritzen.

SOMMER

WASSERSPASS FÜR ALLE
mit der richtigen Pflanzenauswahl

Mit einem Mini-Teich lässt sich die Natur unmittelbar nach Hause holen.
Der Wasserspaß bietet Lebensraum für Pflanzen und Tiere und sorgt
damit für ein buntes Treiben auf Balkon und Terrasse.

WASSERZONEN FÜR TEICHPFLANZEN

Der Mini-Teich ist ein wunderbarer Lebensraum für klein bleibende Wasserpflanzen.
Abhängig von ihrem Naturstandort und
Wuchsverhalten lassen sie sich in verschiedene Gruppen einteilen:
Sumpfpflanzen können Sie beispielsweise
in einer Wassertiefe von 10 bis 20 cm an
den Gefäßrand setzen. Pflanzkörbe dienen
dazu, sie in Schach zu halten. Sollten sie
dennoch Ihren Mini-Teich überwuchern,
hilft ein Rückschnitt.
Schwimmpflanzen werden tiefer gesetzt
und verbreiten sich beispielsweise über
Ausläufer. Oder sie treiben völlig losgelöst
vom Boden im Wasser. Sie nehmen dann
Nährstoffe nur aus dem Wasser selbst auf
und sorgen dadurch für eine gute Wasser-
qualität.

LEBENSRAUM FÜR TIERE

Ihr Mini-Teich dient auch als Treffpunkt
vieler Tiere, die sich so auf Ihrem Balkon
oder Terrasse tummeln werden. Kleine
Singvögel zum Beispiel, denen Ihr Balkon-
Biotop als Tränke dient. Oder interessieren
die sich etwa für die Wasserkäfer, die
das kühle Nass ebenfalls schon entdeckt
haben? Genießen Sie den wunderbaren
Augenblick, wenn sich eine türkis schim-
mernde Libelle das erste Mal vorsichtig
an Ihren Mini-Teich herantastet. Eine
wahre Schönheit der Natur!
Allerdings hat das nasse Element je nach
Ihrer Wohnlage auch auf Mücken eine
gewisse Anziehungskraft. Hier könnten
Sie mit großblättrigen Wasserpflanzen
entgegenwirken und die offene Wasser-
fläche möglichst kleinhalten.
Auf Fische sollten Sie im Mini-Teich
eher verzichten. Denn für die artgerechte
Haltung ist so ein Wassergarten einfach
zu klein. Zudem bringen Futterreste und
Ausscheidungen der Tiere das biologische
Gleichgewicht schnell zum Kippen. Und
als dritter Punkt spricht dagegen, dass
der Mini-Teich im Winter wegen seiner
geringen Tiefe völlig zufrieren kann. Die
Fische müssten also frostfrei in einem
Aquarium weitergepflegt werden.

SPRITZIGE WASSERSPIELE BRINGEN SPASS

Ob fließend, sprudelnd oder plätschernd,
kleine Wasserspiele wirken belebend und
sind im Mini-Teich unverzichtbar. Denn
spritziges Wasser übt als das „gewisse
Etwas" eine magische Anziehungskraft
auf uns Menschen aus. Alleine schon die
Lichtreflexe, die auf der Wasseroberfläche
entstehen. Sofort halten wir unsere
Hände in das kühle Nass. Und gerade an
heißen Tagen verschafft uns schon der
Anblick einer sprudelnden Wasserquelle
eine angenehme Erfrischung. Ein großer
Vorteil kommt noch hinzu: Wasserspiele
zaubern nicht nur schöne Blickfänge,
sondern verhindern durch die ständige
Wasserbewegung und Sauerstoffzufuhr
die Bildung von Algen. Allerdings gedeihen
bei unruhigem und spritzendem Wasser
die beliebten Zwerg-Seerosen weniger gut
und reagieren mit geschlossenen Blüten.
In der Regel funktionieren Wasserspiele
nach dem „Plug-and-Play-Prinzip": in
die Steckdose rein und los geht's. Ist kein
Stromanschluss in der Nähe, entscheiden
Sie sich einfach für ein Wasserspiel, das
mit Solarenergie betrieben wird.

DER MINI-TEICH IM WINTER Ist das Gefäß frostfest, kann man den Mini-Teich
über Winter auf Balkon oder Terrasse stehen lassen. Bauchige Holzbehälter
aber könnten durch enormen Eisdruck „gesprengt" werden. Vielleicht haben
Sie die Möglichkeit, den Mini-Teich als Gesamtpaket frostfrei in einem Gewächshaus, Wintergarten oder hellen Keller unterzubringen. Wenn nicht,
dann müssen Sie im Herbst wohl oder übel das Wasser ablassen. Die Behälter
werden auf dem Kopf stehend ins Trockene geräumt. Die Pflanzen müssen Sie
frostfrei und hell im Wasser überwintern. Auch die Wasserspielpumpe ist im
Wasser frostfrei zu lagern, damit weder Dichtungen noch bewegliche Teile
porös beziehungsweise spröde werden können.

Eine Auswahl geeigneter Wasserpflanzen für den Mini-Teich

Deutscher Name	Botanischer Name	Gruppe/Standort	Bemerkungen
Brunnenkresse	*Nasturtium microphyllum*	Sumpfpflanze	
Froschbiss	*Hydrocharis morsus-ranae*	Schwimmpflanze	Schwimmblätter ähneln Seerosenblättern
Gewöhnlicher Froschlöffel	*Alisma plantago-aquatica*	Sumpfpflanze	neigt zu starker Versamung
Gewöhnlicher Schwimmfarn	*Salvinia natans*	Schwimmpflanze	
Krebsschere	*Stratiotes aloides*	Schwimmpflanze	starker Nährstoffzehrer, wirkt dadurch algenwuchshemmend
Scheidiges Wollgras	*Eriophorum vaginatum*	Sumpfpflanze	weißwolliger Kopf, Moorbeetpflanze
Schwanenblume	*Butomus umbellatus*	Sumpfpflanze	wundervolle Blütenschönheit
Sumpf-Schwertlilie	*Iris pseudacorus* var. *pseudacorus*	Sumpfpflanze	leuchtende gelbe Blüten
Sumpf-Vergissmeinnicht	*Myosotis scorpioides*	Sumpfpflanze	blüht sehr lange in Blau bis Violett
Tannenwedel	*Hippuris vulgaris*	Sumpfpflanze	Sauerstoffspender, algenwuchshemmend
Wasserhyazinthe	*Eichhornia crassipes*	Schwimmpflanze	hübsche Blüte
Wasser-Minze	*Mentha aquatica*	Sumpfpflanze	versprüht Pfefferminzduft, Blätter für Tee verwendbar
Wassersalat	*Pistia stratiotes*	Schwimmpflanze	
Zwerg-Rohrkolben	*Typha minima*	Sumpfpflanze	kleine braune Kolben als Blüte
Zwerg-Seerose	*Nymphaea tetragona*	Wasserstand: 15 bis 30 cm	reizende Miniblüte mit angenehmem süßlichen Duft

SOMMER

[a]

[b]

[c]

[d]

[e]

DAS IST
wirklich
WICHTIG

[a] UTENSILIEN Zwei Balkonkastenhalterungen aus Metall, ein länglicher Grillrost, Alufolie oder Einweggrillschalen; als Werkzeug (Akku-)Metallbohrer, Metallfeile, Zollstock und Stift

[b] FÜR DIE LÖCHER werden auf beiden Längsseiten etwa alle 5 cm Punkte eingezeichnet.

[c] AKKUMETALLBOHRER Er erlaubt sauberes Arbeiten, um die Löcher präzise in den Kasten zu bohren.

[d] MIT DER METALLFEILE werden Einkerbungen als Halterung für den Rost vorbereitet.

[e] AUF DIE EINWEGGRILLSCHALEN oder Alufolie als Verstärkung sollten Sie nicht verzichten.

[f] DEN ROST AUFLEGEN und sicher einrasten lassen, damit das Grillgut später nicht plötzlich runterrutscht.

[f]

108

MEIN MINI-GRILL
Selbst gebaut!

Mit etwas Bastelspaß können Sie einen Blumenkasten zu einem originellen Mini-Grill umfunktionieren und damit unter Ihren Freunden gar den Titel „Grillprofi des Jahres" abräumen.

Viele Stadtbalkone sind nicht besonders groß. Aber immerhin: Balkon ist Balkon! Platzsparende und unkomplizierte Elektrogrills würden sich hier anbieten. Allerdings gehören für viele Grillexperten die glühenden Kohlen und das Knistern von Feuer und Glut zum richtigen Grillfeeling dazu. Ein normaler Holzkohlegrill würde allerdings eine Menge Platz rauben. Warum also nicht der Kreativität freien Lauf lassen und einen Balkongrill selber bauen, der sich am Metallgeländer platzsparend einhängen lässt? So schwer ist das gar nicht, wenn Sie die notwendigen Utensilien und das entsprechende Werkzeug beisammen haben. Natürlich können Sie nicht davon ausgehen, mit diesem Grill massenhaft Mäuler in kürzester Zeit zu stopfen. Zwei bis drei Personen lassen sich aber sicher versorgen, wenn Sie einen Abend in gemütlicher Grillatmosphäre verbringen wollen.

MARKE EIGENBAU: SO GEHT'S

Der Blumenkasten aus feuerverzinktem, nicht lackiertem Blech steht im Mittelpunkt Ihrer Bastelaktion. Daneben brauchen Sie zwei Balkonkastenhalterungen aus Metall, einen länglichen Grillrost, Alufolie oder Einweggrillschalen und als Werkzeug einen (Akku-)Metallbohrer, eine Metallfeile, Zollstock und Stift [→a].

Sie starten damit, an beiden Seiten des Blumenkastens, etwa 2 bis 3 cm vom Boden entfernt, die Punkte für die Löcher zu vermessen [→b]. Etwa zehn Löcher auf beiden Seiten bei einer Kastenlänge von 50 cm sollten ausreichen, um für eine ausreichende Sauerstoffzufuhr für die Glut zu sorgen. Mit einem Akkumetallbohrer geht das Löcherbohren praktisch wie von selbst [→c]. Im Anschluss werden je nach Beschaffenheit des Grillrostes mit der Metallfeile kleine Einkerbungen vorgenommen [→d], damit beim Auflegen der Rost auf dem Blumenkasten verankert werden kann. Anschließend legen Sie den Boden mit Einweggrillschalen aus [→e]. Alternativ könnten Sie zur Verstärkung des Bodens auch eine Metallplatte oder mehrere Lagen Alufolie verwenden. Jetzt noch eine Schicht Grillkohle reinfüllen und etwas Grillbeschleuniger, vorsichtig anzünden, den Rost auflegen und einrasten lassen [→f] und schon geht's los. Ob leckeres Grillfleisch oder vegetarisch, das Geschmackserlebnis wird durch Ihren selbst gebauten Balkongrill sicherlich ein ganz besonderes sein. Denken Sie aber bitte auch an die Sicherheitsvorschriften, an eine vielleicht existierende Hausordnung und an Ihre Nachbarn bezüglich der Rauchentwicklung.

DRAHTGITTER ALS ALTERNATIVE ZUM GRILLROST Wenn es sich schwierig gestalten sollte, einen passenden Grillrost zu finden, würde sich alternativ auch ein Drahtgitter anbieten, welches Sie je nach Beschaffenheit mit einer Eisensäge, Beißzange oder Metallfeile passend einkürzen können. Denken Sie aber daran, Verankerungen zu belassen, mit deren Hilfe Sie später das Gitter auch in den Kasten einhängen können.

SOMMER

WÄRMENDES LICHT
Zu Hause sein auf Balkon und Terrasse

Besonders schön werden laue Sommernächte, wenn abends nicht alles im Dunkeln verschwindet, sondern der Sitzplatz durch natürliche Lichtreize weiter in einer vertrauten Atmosphäre erscheint.

So, Motor runterfahren und den Arbeitstag gemütlich im Freien ausklingen lassen. Erzählen, was alles so passiert ist, gemeinsam lachen in einer entspannten und warmen Atmosphäre mit flackerndem Licht in einer lauen Sommernacht. Die beinahe geheimnisvolle Wirkung, die hier von Kerzen, Fackeln oder Feuerschalen ausgeht, beruht auf immer wieder wechselnden Licht- und Schattenspielen.

IM KERZENSCHEIN
Nicht die große Erhellung, aber dafür ein weiches flimmerndes Licht in ruhiger entspannter Atmosphäre liefern Kerzen. In Laternen oder Gläser gestellt, sind sie zudem wind- und regengeschützt. Denken Sie aber daran, dass Kerzen in Gläsern tagsüber nicht in der knalligen Sonne stehen sollten. Sie werden sonst weich und krumm. Große Stumpenkerzen halten besonders lange, mit Tier- oder Blumenmotiven erhältlich, verbreiten sie noch zusätzlichen Charme. Paraffinlampen erzeugen übrigens eine ähnliche Wirkung wie Kerzen, nur brennen sie etwas heller.
Der Handel bietet auch eine große Auswahl an Duftkerzen, die nicht nur gut riechen, sondern zudem Insekten wie Mücken abschrecken sollen. Ein konstanter, naturgetreuer Duft von Flieder, Lavendel oder Rosen schafft ein echtes Dufterlebnis.

FACKELN IM KÜBEL
Fackeln aus Materialien wie Bambus oder Metall können Sie in größere Kübel stecken. Sie eignen sich gut für Terrassenpartys und sorgen als natürliche Lichtquellen schnell für eine gemütliche, lockere und sogar etwas abenteuerlustige Atmosphäre. Nachfüllbare Petroleum-Fackeln lassen sich immer wieder neu auffüllen und haben einen Docht aus Baumwolle, der in einem Tank mit Petroleum steckt und dieses immer wieder nachsaugt. Tischfackeln sind ebenfalls erhältlich, ob in edlem Design aus Edelstahl oder im urigen Retrolook.

GEMÜTLICHE FLAMMEN
Die Atmosphäre von Feuerkörben und Feuerschalen lässt sich gut mit einem Wort umschreiben: Wildwest-Romantik! Ein paar Wolldecken, Kissen oder gar Strohballen zum Sitzen, Würstchen und Kaltgetränke, mehr braucht es nicht für einen gemütlichen warmen Abend auf der Terrasse. Über der glühenden Asche lässt sich mit einem Schwenkrost natürlich auch bestens grillen.

Sie können Feuerschalen oder -körbe auch in einem edlen Design auswählen und sie als hübsches Accessoire mit in Ihre moderne Terrassengestaltung einbinden. So oder so, das lodernde Feuer wird auf jeden Fall für eine knisternde Atmosphäre sorgen. Rechnen Sie allerdings auch mit Funkenflug, weshalb sich hier keine Stoffe oder anderweitig brennbare Materialien in unmittelbarer Umgebung befinden sollten. Auch Ihre Pflanzen sollten weit genug entfernt sein, da durch die abstrahlende Hitze Blätter schnell beschädigt werden. Qualitativ hochwertige Feuerschalen bestehen übrigens aus Wetterfeststahl, einer Stahlsorte, die nur an der Oberfläche rostet. Das darunter liegende Material bleibt intakt. Aschereste oder Regenwasser fließen durch ein kleines Loch in der Mitte in eine kleine Schale. Bei Feuerkörben aus geschmiedetem Eisen fallen Asche und Glut oft seitlich heraus. Deshalb ist in jedem Fall ein feuerfester Untersetzer wichtig, der so groß wie möglich ausfallen sollte.

SOMMER

AUSSENBELEUCHTUNG
Sanft, dezent und dekorativ

Wenn Sie abends auf Balkon und Terrasse sitzen und sich auf Ihr Grillfleisch freuen, wollen Sie sicher erkennen, was auf dem Teller liegt, oder? Wie Sie Ihre Außenbeleuchtung funktional und zugleich optisch reizvoll gestalten, erfahren Sie hier.

Das Licht im Sitzbereich darf nicht ungemütlich grell sein oder sogar blenden. Viel einladender wirkt ein sanftes, dezentes Licht. Es empfängt uns Menschen, wenn wir den Balkon oder die Terrasse betreten. Die Beleuchtung darf neben ihrer reinen Funktion des Lichtspendens auch künstlerisch-ästhetischen Ansprüchen genügen: Leuchten als Kunstobjekt oder Lichtskulpturen, die auch tagsüber durch ihre Form oder ihr außergewöhnliches Material faszinieren.

BELEUCHTUNG MIT WOHNZIMMER-ATMOSPHÄRE

Schaut man sich in Gartencentern oder Baumärkten in den entsprechenden Abteilungen um, so geht auf Balkon oder Terrasse der Trend weg von der klassischen Außenbeleuchtung hin zu Leuchten mit einer Wohnzimmeranmutung und gleichzeitig dekorativen Akzenten. Lampenschirme und Designerleuchten sind jetzt angesagt, hochwertige Produkte, die mehr und mehr mit der LED-Technik ausgestattet und am besten noch dimmbar sind. Der Vorteil von LEDs besteht vor allem darin, dass sie lange halten und Nachtfalter nicht angelockt werden. Dafür sind sie aber auch deutlich teurer in der Anschaffung als herkömmliche Leuchten.

UMWELTFREUNDLICH MIT SONNENENERGIE

Für eine Grundbeleuchtung eignen sich auch solarbetriebene Lampen. Ließ die Qualität von solarbetriebenen Lampen in der Vergangenheit noch deutlich zu wünschen übrig, leuchten neuere Modelle deutlich heller als ihre Vorgänger. Auch ihre durchschnittliche Brennzeit hat sich erhöht, bis zu zehn Stunden sind keine Seltenheit mehr. Allerdings hatten die Lampen dann auch die Gelegenheit, sich an einem langen sonnigen Sommertag aufzuladen. An trüben Tagen, und das ist der Nachteil von Solarlampen, reduziert sich die Leistung auf wenige Stunden. Dafür sind sie einfach und bequem einsetzbar, denn weder Stecker noch Anschlüsse werden benötigt. Sie müssen einfach nur den Auto/Off-Funktionsschalter betätigen. Und umweltfreundlich sind sie noch dazu, denn sie funktionieren gänzlich ohne elektrischen Strom. Ebenso ihre Optik hat sich verändert: Premium-Solarleuchten lassen sich beispielsweise als modernes Candle-Light in einem schicken Rattan-Gehäuse beziehen. Das große Angebot umfasst Wandlampen, Halbkugeln oder Edelstahlmodelle mit Erdspieß, die einfach in Töpfe gesteckt werden können und so für eine angenehme Grundbeleuchtung sorgen.

MIT LICHT AKZENTE SETZEN

Neben der Grundbeleuchtung mit LEDs oder Solarlampen dienen Lichtquellen dazu, an verschiedenen Punkten auf Balkon oder Terrasse gestalterische Akzente zu setzen. So entstehen durch den Einsatz von kleinen Strahlern interessante Licht- und Schattenspiele, wenn beispielsweise ein angestrahltes Ziergras mit seiner filigranen Struktur von Halmen und Ähren plötzlich ein faszinierendes Eigenleben in der Dämmerung entwickelt. Das raffinierte Zusammenspiel von Hell und Dunkel führt hier zu einer optischen Tiefe und einer spannungsreichen Atmosphäre. Achten Sie darauf, dass Einzelobjekte nicht so dominant erscheinen, indem Sie noch weitere Gestaltungselemente einsetzen. Kleine Skulpturen zum Beispiel, die in einer unscheinbaren Balkonecke von unten angestrahlt werden und sich so eines besonderen Blickfangs erfreuen. Oder Bodeneinbauleuchten, die die Architektur der Holzterrasse abends erst so richtig gut in Szene setzen. Auch die bereits beschriebenen Feuerschalen, Fackeln oder Kerzen eignen sich gut als zusätzliche Akzentbeleuchtung. Durch das flackernde Licht entstehen immer wieder wechselnde Licht- und Schattensituationen.

Mit einer für den Außenbereich geeigneten Lichterkette oder Lichtschläuchen können Sie zusätzliche Lichteffekte erzielen. Mit ihnen lassen sich große Kübelpflanzen kunstvoll beleuchten. Eine kunterbunte Party-Lichterkette kann allerdings auch schnell etwas überzogen und alles andere als dezent wirken. Sie kommt bei der nächsten Terrassenparty zum Einsatz.

DAS ZUSAMMENSPIEL VON WASSER UND BELEUCHTUNG setzt ebenfalls hübsche optische Akzente auf dem abendlichen Balkon. So machen Quellsteinleuchten sprudelndes Wasser noch lebendiger. Auch der Mini-Teich mit seiner Wasserfontäne wirkt reizvoll und belebend, wenn er einzeln angestrahlt wird.

HERBST
Farben ernten

IN DEN HERBST HINEIN LEUCHTEN DIE FARBEN, BESONDERS IM GOLDENEN OKTOBER. EIN KURZER, ABER UMSO SCHÖNERER RAUSCH BUNTER WARMER HERBSTTÖNE LÄSST SICH MIT DER BALKONBEPFLANZUNG ZAUBERN. AUCH DIE NASCHECKE WILL NOCH VOLLSTÄNDIG GEERNTET WERDEN.

HERBST

ALPEN-VEILCHEN ETWAS VOR KÄLTE SCHÜTZEN.

DAS IST *wirklich* WICHTIG

[a] GRASIG BUNT Die Gräserwedel der Segge betonen die Höhe, während eine locker herabhängende Kriechspindel dem Arrangement Bodenhaftung vermittelt. Die zwei leuchtenden Chrysanthemen und der Silberdraht bewohnen die mittlere Etage.

[b] ZIERENDE FRÜCHTE Die gelb leuchtenden Gräserwedel der Segge zaubern Sonne auf Ihren Balkon und bringen zusammen mit den charmanten Blüten der Fetthenne (Mitte) sowie den Früchten der Zierpaprika trotz kühler werdender Temperaturen ein Lächeln auf Ihre Lippen.

[c] MUST HAVE Die Besenheide gehört zu jeder herbstlichen Balkonbepflanzung. Eine Aster (hinten) und Blau-Schwingel (rechts) begleiten die beiden 'Gardengirls®' (links und Mitte vorne). Mit Thuja-Zweigen lassen sich die Gefäße noch hübsch verzieren.

[d] DUFTENDER HERBST Ein duftendes Arrangement aus weißen Alpenveilchen und lila Horn-Veilchen, begleitet von gelben Stiefmütterchen und China-Schilf. Die guten Überwinterungs- und Durchblüheigenschaften speziell von Horn-Veilchen erkennen Sie übrigens oft daran, dass die Sortennamen den Begriff „Ice" beinhalten.

BUNTES TREIBEN

Blüten-Gräser-Kompositionen

Die Farbtöne des Herbstes verleihen Balkon oder Terrasse einen besonderen Zauber. Farbige Spätblüher stehen ihren Sommerkollegen an Facettenreichtum in nichts nach.

Wenn die Blütenpracht sichtbar nachlässt, könnte so mancher Balkon ein Lifting vertragen. Es wird Zeit, die Sommerblumen gegen eine Herbstbepflanzung auszutauschen. Das große Blütenfarbenspiel im Herbst liefern Astern, Chrysanthemen, Alpenveilchen, Fetthenne, Heidekraut oder Herbstzeitlose, deren Vielfalt an Farben und Formen für jeden Geschmack etwas bereithält. Kombiniert mit immergrünen Pflanzen und Gräsern sorgen sie als echte Herbstjuwelen für leuchtende Farben und sehen bis in den Spätherbst hinein gepflegt und ansprechend aus.

HERBST-FLIRT MIT BUNTEN BLÜTENKÖPFEN
Langeweile kommt bestimmt nicht auf in der bunten Welt der Chrysanthemen. Blütenbüsche, sogenannte 'Garden-Mums', bezaubern durch Hunderte von kleinen pomponartigen Blütenkugeln, die ein ebenso dichtes wie farbstarkes Kissen bilden. Während sich große Chrysanthemen-Büsche vorzüglich für eine Einzelstellung eignen, lassen sich die kleinen Exemplare auf einen spannenden und attraktiven Herbst-Flirt mit anderen Pflanzen ein. Schöne Herbstkombinationen mit einer ausgewogenen Höhenabstufung entstehen, wenn Sie im Kasten blühfreudige Chrysanthemen mit Gräsern und weißbunter Kriechspindel kombinieren [→a].

IN BESTER BEGLEITUNG
Heidekräuter wie die Besenheide (*Calluna vulgaris* 'Gardengirls'®) oder Topf-Erika *(Erica gracilis)* passen gut zur Herbststimmung und sind für diese Zeit unverzichtbar.

Mit ihren leuchtenden Farben und ihrer langen Haltbarkeit sind sie vielfältig verwendbar. Gerne gesellen sie sich zu anderen Kombipflanzen, die den Herbst in seiner schönsten Form zu Ihnen bringen. Nur zu groß dürfen die Begleitpflanzen nicht sein, damit die hübschen strubbeligen Blütenstände nicht überwuchert werden. Klassisch kombiniert, kommen diese grazilen Gestalten mit Astern und Blau-Schwingel gut zur Geltung [→c].

CHARMANTE STIMMUNGSAUFHELLER
Wenn die Tage merklich kürzer und vor allem kühler werden, brauchen Sie ab und an einen Stimmungsaufheller. Dann hilft die charmante Farbkraft der Pflanzenwelt, die – gekonnt in Szene gesetzt – für gute Laune sorgt. Blüten in warmen Tönen leuchten prächtig zwischen Gräsern und Strukturpflanzen, so wie Zierpaprika und die malerischen Blüten der Fetthenne. Auch die Segge mit ihren gelben Blättern wirkt aufheiternd und bringt zudem wieder eine optische Höhe in das Gefäß [→b].

DUFTENDES ENSEMBLE
Einen süßen Duft von ausdrucksstarken Blüten verströmen die Veilchen. Das Alpenveilchen in Midi-Format eignet sich ganz besonders für die herbstliche Bepflanzung von Kästen und Kübeln. Ein wenig vor Kälte und Wind geschützt, sorgt es für dauerhaften Blütenschmuck. Auch die duftenden Horn-Veilchen und Stiefmütterchen zeigen eine üppige Blütenfülle in schönen Farben. Ein kompakt bleibendes China-Schilf im witzigen Streifenlook begleitet das duftende Ensemble [→d].

117

HERBST

DAS IST
wirklich
WICHTIG

[a] WARM UND STILVOLL Der Gewöhnliche Schneeball *(Viburnum opulus)* ist mit seinem edlen Blätterkleid in Rot ein ideales Gehölz für einen Einzelplatz auf Balkon und Terrasse.

[b] IM MITTELPUNKT Das Purpurglöckchen ist der heimliche Star in diesem leisen Herbstarrangement. Die Fetthenne (links außen), deren Blätter schön mit der Topffarbe harmonieren, sowie der grüne Rotschleierfarn (vorne Mitte) stimmen in die sanften Töne ein.

[c] BLATTSCHMUCK PUR Blattschmuckpflanzen sorgen hier für eine harmonische Farbmischung: die gelbbunte Kriechspindel, der bald blühende Seidelbast (links), der dreifarbige Salbei (vorne Mitte) sowie das Purpurglöckchen mit seinen zierlichen Blütenständen.

[d] ELEGANT Weiß und Silber wirken elegant, kühl und gleichzeitig hochwertig. Die silberfarbigen Gefäße bieten den passenden Rahmen für Alpenveilchen, Blau-Schwingel (hinten) und Silberfaden (rechts).

ACHTEN SIE AUF DIE STANDFESTIGKEIT DER GEFÄSSE.

ELEGANT

Blatt-Stile

Neben dezenteren Blüten in warmen Herbstfarben gibt nun auch das Laub den Ton in Topf und Kasten an und beweist dabei viel Einfallsreichtum.

Die tragende Rolle übernimmt jetzt also auch das Laub. In Form und Farbenvielfalt muss das Blätter-Ensemble den Vergleich mit der rauschenden Blütenpracht nicht scheuen. Vielerlei interessante Blattstrukturen und Herbstfärbungen haben Ziergehölze und Stauden zu bieten.

ZIERGEHÖLZE MIT SCHÖNER HERBSTFÄRBUNG

Die Herbstfärbung von Felsenbirne (*Amelanchier ovalis*), Pfaffenhütchen (*Euonymus planipes* und *E. alatus*), Fächer-Ahorn (*Acer palmatum*) oder Gewöhnlichem Schneeball (*Viburnum opulus*) ist ein wahrer Augenschmaus. Stolz zeigt Letztgenannter sein farbenprächtiges Herbstlaub in leuchtend Gelb-orange bis Dunkelrot [→a]. Allerdings sind Ziergehölze für Balkone oder Terrassen mit Bedacht auszuwählen, zu kostbar ist die meist nur begrenzte Fläche. Bedenken Sie, dass die kleinen Bäumchen weder zu hoch noch zu breit werden dürfen, und vor allem, dass sie nicht nur im Herbst, sondern rund ums Jahr dekorativ aussehen sollten. Das ist vor allem dann der Fall, wenn im Frühjahr hübsche Blüten in lang anhaftende Beeren oder Früchte übergehen. Oder wenn die Ziergehölze auch im Winter mit dekorativer Rinde oder schönen Zweigen beeindrucken, so wie die obengenannten Gehölzarten.

WARME TÖNE

Bei diesen beiden Herbstbepflanzungen [→b und c] geht die Wirkung eindeutig von den Blattschmuckpflanzen aus. Denn sobald blattbunte Purpurglöckchen, Salbei, Kriechspindel und Rotschleierfarn im Kasten oder Kübel aufeinandertreffen, entsteht in Windeseile ein Arrangement aus warmen Herbsttönen mit stilsicheren Blattstrukturen. Besonders auffällig sind die Purpurglöckchen mit ihren rotbraunen Blättern und zarten Blütenständen, die in den letzten Jahren ein gewaltiges Comeback feierten. Immer neuere Farben und Formen schmücken diese Trendblätter. Die Farbpalette reicht von Limettengrün, Rot-Braun über silbriges Rot-Grün bis hin zu Bernstein.

SILBRIG WEISSE ELEGANZ

Tauchen Sie Ihren herbstlichen Balkon doch mal in silbrig weiße Farbtöne. Zusammen wirken sie elegant und zeigen sich als stilvolle Herbstbepflanzung. Neben dem bekannten Silberblatt bieten sich der Silberfaden, die Silberrandchrysantheme, das Currykraut sowie das hängende Gnaphalium für Herbstkombinationen im Blumenkasten an. In diesem Ensemble [→d] hat sich der Silberfaden (vorne rechts) mit dem Blau-Schwingel (hinten) verbündet. Ebenfalls mit von der Partie: das weiße Alpenveilchen (vorne links), das in Kombination mit den Silberschätzen einen modernen Eindruck hinterlässt. Die länglichen, blauen Wedel des Blau-Schwingels lockern die Topfkomposition auf und schaffen Verbindungen.

HERBST

DAS IST *wirklich* WICHTIG

[a] HINGUCKER IM EINGANGSBEREICH
Die dekorativen Scheinähren des Lampenputzergrases zeigen sich anfangs zartrosa, später mit gelb- bis rotbrauner Färbung von August bis Oktober.

[b] NASCHWERK Wenn Sie im Herbst ein kleines Feuerwerk an farbigen Früchten zeigen wollen, dann darf der Hänge-Paprika 'Volante® Mild Orange' mit seinen orangen Zipfeln nicht fehlen. Die grün-gelblichen Blätter der Segge (hinten) und der Silberfaden (rechts) unterstützen den großen Auftritt.

[c] DIE NATUR bietet im Herbst einen schier unfassbar großen Fundus an unterschiedlichen Dekomaterialien, selbst für ungeübte „Deko-Brummbären".

[a]

[b]

[c]

120

NATÜRLICH!

In Topf und Kübel

Wer es gerne natürlich mag, ist auf dieser Seite genau richtig. Ziergräser, Fruchtschmuck und Pflanzenkörbe aus Weide und Rattan bieten vielfältige Gestaltungsmöglichkeiten für das Wohnzimmer im Freien.

FILIGRANE WEDEL IM WIND

Jetzt schlägt die große Stunde jener Pflanzen, die im Sommer kaum auffallen, weil ihnen die blühenden Balkonpflanzen die Schau stehlen. Ziergräser, die mit ihrem natürlichen, aparten Wuchs für Abwechslung sorgen. Die dekorativen Blüten und die wunderschön gefärbten Halme setzen auch in Einzelstellung wirkungsvolle Akzente und bieten im Eingangsbereich einen charmanten Willkommensgruß [→a]. Und wenn die Leuchtkraft der Blütenstände nachlässt, schneiden Sie die Halme bitte nicht ab, da sie auch, mit Raureif bedeckt, im Spätherbst oder Winter aufregend und skurril wirken. Unter den Ziergräsern gibt es natürlich viele verschiedene Arten und Sorten in unterschiedlichen Farben, Formen und Größen. Wählen Sie die aus, die einigermaßen kompakt bleiben und auch im Kübel lange attraktiv aussehen, das schöne Lampenputzergras zum Beispiel. Das Pampasgras wirkt zwar auch imponierend, ist aber für die Kübelbepflanzung aufgrund seiner Größe und Frostempfindlichkeit eher ungeeignet.

LEUCHTENDE BEEREN UND FRÜCHTE

Einen willkommenen Augenschmaus bieten uns die Farbtupfer kleiner Ziergehölze, die im Herbst stolz ihre Beeren präsentieren. Besonders schön kommen die leuchtend roten Beeren der Stechpalme vor den großen, dunkelgrün glänzenden Blättern zur Geltung. Wegen ihrer Größe ist für sie als Solitärgehölz eine Einzelstellung vorbestimmt, genauso wie für den Liebesperlenstrauch, das Pfaffenhütchen oder die Skimmie. Ebenfalls mit leuchtend roten Früchten, aber deutlich kompakter, eignen sich die Scheinbeere und die Torfmyrte für schöne Herbstkombinationen im Blumenkasten oder Kübel (Porträts S. 128 bis 129). Neben den bunten Beeren bringen auch die mild-süßen Früchte des Hänge-Paprika 'Volante® Mild Orange' eine persönliche Note ins Herbstspiel [→b].

WILDROMANTISCH DEKORIEREN

Der Herbst bietet Dekomaterial in Hülle und Fülle: Zierkürbisse oder Maiskolben, Kastanien, Walnüsse, Eicheln und Bucheckern, Moose und Flechten, Lampionblumen, Kiefer-, Tannen- oder Fichtenzapfen, Rinde, Zweige oder buntes Laub – sie alle warten darauf, als Naturmaterialien in Dekoschalen, Holzkisten oder Weidekörben verarbeitet zu werden. Lassen Sie Ihrer Kreativität freien Lauf! Bereits das schöne Körbchen, in dem die bizarr geformten, leuchtenden Zierkürbisse verweilen, versprüht hier schon viel Charme. Mit vielen weiteren herbstlichen Naturalien haben Sie schnell ein geschmackvolles Arrangement dekoriert [→c].

BALKON-HALLOWEEN Der Hype um Halloween reißt nicht ab und hat sich mittlerweile auch bei uns einen festen Platz im Herbst erobert. Die Blumengeschäfte und Gartencenter warten hier schon mit vielen Ideen. Oder aber Sie basteln selbst, herbstliches Deko-Allerlei finden Sie jetzt draußen überall. Das Kürbisgesicht in Gespensterform mit flackerndem Teelicht sollte natürlich das zentrale Element Ihrer Deko sein und lässt sich übrigens auch mit viel Spaß selber machen.

HERBST-PFLEGE-SERVICE
für Pflanzen und Geräte

Auch im Herbst stehen noch einige Pflege- und Kulturarbeiten an: Es darf getauscht, geschnippelt und – nicht erschrecken – auch geköpft werden!

TAUSCHBÖRSE BALKONKASTEN

Einige Sommerblüher zeigen noch im Oktober ihre ganze Pracht. Die Geranien zum Beispiel oder die Dahlien, wenn sie frei von Echtem Mehltau geblieben sind. Hier können Sie noch Verblühtes regelmäßig abschneiden, um weitere Blütenbildung anzuregen. Wenn andere Sommerblumen ihren Zenit deutlich überschritten haben, sind sie auszutauschen. Mit einem scharfen Messer schneiden Sie ihren Wurzelballen aus der dichten Wurzelmasse der Pflanzkombinationen heraus, füllen etwas Erde in diese Lücke und setzen anschließend einen frischen Herbstblüher hinein. Farblich sollte es natürlich passen. Die farbenfrohen Herbst-Astern oder peppige Zierpaprika eignen sich beispielsweise gut als herbstliche Lückenfüller.

GIESSEN UND DÜNGEN: WENIGER IST JETZT MEHR

Die Bewässerung und Düngung fahren Sie jetzt etwas zurück, da die Pflanzen kein großes Wachstum mehr zeigen. Wenn sich in der Wettervorhersage ein verfrühter Frost ankündigt, können Sie die Kästen und Kübel nachts vorsichtig mit einer Decke oder einem Vlies abdecken. Es wäre doch schade, wenn die aufgepeppten Pflanzkombinationen schon gleich den ersten tiefen Temperaturen zum Opfer fallen würden.

GARTENSCHERE VOLL IM EINSATZ

Ältere Blätter von Stauden, die häufig von Pilzkrankheiten befallen sind, sollten spätestens jetzt entfernt werden. So können sie im nächsten Frühjahr den Neuaustrieb nicht infizieren, die Pflanze wächst gesund und munter in ein neues Balkonjahr. Bei Erdbeeren kommt neben einem möglichen Pilzbefall noch ein weiterer Grund für das Entfernen der Blätter hinzu: Die reifen Früchte veranlassen die älteren Blätter zur Bildung hormoneller Hemmstoffe, die im Herbst in den Wurzelstock verlagert werden und dort die Blütenbildung für das nächste Jahr ungünstig beeinflussen können. Mit den älteren Blättern werden also auch die Hemmstoffe entfernt. So wachsen die „rasierten" Erdbeerpflanzen im nächsten Frühjahr gesund und blühfreudig wieder nach. Wichtig ist nur, dass beim Entfernen der Ausläufer und Blätter keinesfalls das Herz der Erdbeerpflanze beschädigt wird.

An den Stabtomaten werden im September die Haupttriebe um 20 bis 30 cm gekappt und somit die jüngsten Blüten entfernt, damit bis zum Spätherbst die ganze Kraft in die am Tomatenstock befindlichen Früchte geht. Der Gartenprofi nennt diesen Vorgang „Tomaten köpfen". So erreichen die Tomaten noch ihre volle Größe und die Abreife der Früchte wird in den letzten Wochen gefördert. Auch die Triebe, die aus den Blattachseln sprießen, sind noch bis zum Schluss zu entfernen.

BEWÄSSERUNGSANLAGE UND MINI-TEICH ABBAUEN

Zu den herbstlichen Pflegearbeiten vor dem ersten Frost zählt auch der Abbau sämtlicher Gegenstände, die mit Wasser zu tun haben, wie die automatische Bewässerungsanlage zum Beispiel. Denn bleiben die Leitungen mit Wasser gefüllt und es gefriert bei Frost, dehnt sich das Eis aus und je nach Qualität der Schläuche können diese unter Umständen platzen. Auf jeden Fall werden sie bei Kälte spröde und brüchig. Deshalb sollten sie genauso wie der Bewässerungscomputer über Winter frostsicher aufbewahrt werden. Auch die Wasseranschlüsse im Außenbereich können jetzt abgestellt werden. Wenn Sie sich auf der Terrasse einen Mini-Teich zugelegt haben, ist dieser jetzt entsprechend zurückzubauen (S. 106–107). Auf jeden Fall sollten Wasserspiele, -pumpen und -filter vor dem ersten Frost aus dem Teich herausgenommen und frostfrei über den Winter aufbewahrt werden.

HERBST

124

ZWIEBEL- UND KNOLLENBLUMEN
Wann blüht wer?

Während jetzt im Herbst die Dahlien und Gladiolen als Knollenblumen ihre volle Blütenpracht entfalten, drängen sich uns in den Gartenfachmärkten bereits die Zwiebeln von Frühlingsblühern auf.

PFLANZ- UND BLÜTEZEITEN RUND UMS JAHR

Die Tabelle gibt einen schnellen Überblick, welche Zwiebel- und Knollenblumen zu den Frühjahrs-, Sommer- oder Herbstblühern gehören.

Deutscher Name	Botanischer Name	Blütezeit-punkt	Pflanzzeit im	Speicherorgan	
				Zwiebel	Knolle
Schneeglöckchen	*Galanthus nivalis*	I bis III	Herbst (IX bis X)	×	
Winterling	*Eranthis cilicica*	II bis III		×	
Frühlings-Krokus	*Crocus vernus*	II bis III		×	
Narzisse	*Narcissus*-Cultivars	II bis V		×	
Märzenbecher	*Leucojum vernum*	II bis IV		×	
Blaustern	*Scilla siberica*	III bis IV		×	
Hyazinthe	*Hyacinthus orientalis*	III bis IV		×	
Tulpe	*Tulipa*-Hybriden	III bis V		×	
Schachbrettblume	*Fritillaria meleagris*	IV bis V		×	
Traubenhyazinthe	*Muscari botryoides*	IV bis V		×	
Knollen-Begonie	*Begonia*-Cultivars	V bis IX	Frühling (III bis IV)		×
Freesie	*Freesia*-Hybriden	VI bis VIII			×
Indisches Blumenrohr	*Canna indica*	VI bis X			×
Dahlie	*Dahlia*-Cultivars	VI bis X			×
Montbretie	*Crocosmia masoniorum*	VII bis VIII			×
Prachtlilie	*Gloriosa superba*	VII bis IX			×
Gladiole	*Gladiolus*-Hybriden	VII bis IX			×
Herbst-Zeitlose	*Colchicum autumnale*	VIII bis X	Sommer (VIII)		×
Herbst-Krokus	*Crocus speciosus*	IX bis X		×	

[1]

[2]

[3]

[4]

HERBST

BLÜTEN & BEEREN
im Kasten

Mit leuchtenden Herbstpflanzen bringen Sie Fröhlichkeit in dunklere Herbsttage. Und auch der Fruchtzauber vieler kleinwüchsiger Sträucher fasziniert mit funkelnden Beeren.

BESENHEIDE [1]
Calluna vulgaris
Wuchs: Aufrecht dicht buschig bis 50 cm hoch, auch überhängend, robust, Mixsortimente 'Gardengirls®' und 'Beauty Ladies®', mehrjährig
Blüte: Traubiger Blütenstand mit kleinen Glöckchen in Rot, Rosa, Weiß oder Gelb, einige Sorten sind Knospenblüher: die Blüten öffnen sich nicht, werden nicht bestäubt und halten daher ihre kräftige Farbe über Monate hinweg, Blütezeit von Spätsommer bis in den Winter hinein
Standort: Sonnig bis halbschattig, in Töpfen, Schalen, Blumenkästen oder Kübeln
Pflege: Benötigen ein saures Substrat, beispielsweise Rhododendronerde, kalkfreies, weiches Wasser verwenden und im Frühjahr nach dem Rückschnitt einmal pro Woche flüssig düngen

HERBST-CHRYSANTHEME [2]
Chrysanthemum indicum
Wuchs: Aufrecht buschig, 60 cm bis 1,30 m hoch, auch als Hochstamm
Blüte: Einfach oder gefüllt blühend, regenfest, in ausgefallenen Farben und Formen, zum Beispiel innen gelb und außen leuchtend rot gefärbt, limonengrün, spinnenförmig oder löffelartig geformt, Blütezeit von September bis Oktober
Standort: Sonnig, in Töpfen oder Kübeln

Pflege: Balkonpflanzenerde gleichmäßig feucht halten, hoher Nährstoffbedarf, deshalb regelmäßig flüssig nachdüngen, damit die Pflanze zur weiteren Blütenentwicklung ausreichend mit Nährstoffen versorgt ist, durch regelmäßiges Entfernen von Verblühtem wird die weitere Blütenbildung angeregt, Überwinterung bei 3 bis 5 °C möglich, lohnt aber wenig, da die Blüte im Folgejahr meist nur spärlich ausfällt
Schädlinge: Blattläuse, Spinnmilben

HERBST-ASTER [3]
Aster novae-angliae, A. novi-belgii, A. dumosus
Wuchs: Aufrecht buschig, horstbildend, je nach Art und Sorte 30 cm bis 1 m hoch, mehrjährig
Blüte: Einfach, halb gefüllt oder gefüllt blühend, in Violett, Rosa, Pink, Hellblau oder Weiß, Blütezeit von September bis Oktober
Standort: Sonnig, in Töpfen, Schalen, Blumenkästen oder Kübeln
Pflege: Balkonpflanzenerde gleichmäßig feucht halten und einmal pro Woche flüssig düngen, durch regelmäßiges Entfernen von Verblühtem wird die weitere Blütenbildung angeregt, Rückschnitt im späten Herbst oder zeitigen Frühjahr
Krankheiten: Echter Mehltau, Asternwelke
Besonderheiten: Unterschiedliche Anfälligkeit gegenüber Echtem Mehltau

PURPUR-FETTHENNE [4]
Sedum telephium
Wuchs: Aufrecht buschig, horstbildend, 40 bis 60 cm hoch, mit dickfleischigen blassgrünen Blättern, bizarr, mehrjährig
Blüte: Große Blütenstände, in Purpurrosa, Blütezeit von August bis September
Standort: Sonnig, in Töpfen, Schalen, Blumenkästen oder Kübeln
Pflege: Wasserbedarf ist niedrig, um nassen Stand zu vermeiden, in gut durchlässige Erde pflanzen, Rückschnitt im zeitigen Frühjahr, anschließend einmal pro Woche flüssig düngen
Krankheiten: Grauschimmel

ALPENVEILCHEN [5]
Cyclamen persicum
Wuchs: Aufrecht kompakt, in Mini-, Midi- oder Maxi-Größen, bis 40 cm hoch, schönes rundes Laub oder in Herzform
Blüte: Anmutig geschwungene Blüten befinden sich auf schlanken Stängeln, in Weiß, Rosa, Pink, Violett oder Rot, manchmal auch zweifarbig, Typen je nach Blütenformen gestreift, gefranst, gerüscht oder geflammt, Blütezeit ab September
Standort: Hell, aber keine direkte Sonne, in Töpfen, Schalen, Blumenkästen, Kübeln
Pflege: Gleichmäßig feucht halten, dabei aber unbedingt Staunässe vermeiden, denn die flache Wurzelknolle neigt schnell zu Fäulnis, in einen Untersetzer gießen, um Fäulnis zu vermeiden, abgeblühte Blüten und Blätter durch langsames, schraubenartiges Abdrehen herausziehen
Schädlinge & Krankheiten: Spinnmilben, Grauschimmel

SKIMMIE [6]
Skimmia japonica
Wuchs: Aufrecht strauchförmig, bis 1 m hoch, immergrün, mehrjährig
Blüte/Frucht: Weiße Blütenrispen von Mai bis Juni, glänzend rote Beeren ab Oktober an den weiblichen Pflanzen, für deren Bildung im nächsten Jahr zur Bestäubung männliche Pflanzen als Pollenlieferant benötigt werden
Standort: Hell, aber keine direkte Sonne, in größeren Töpfen oder Kübeln
Pflege: Gleichmäßig feucht halten und im Frühjahr einmal pro Woche flüssig düngen, Überwinterung in milden Lagen möglich, dabei aber das Gefäß vor dem Durchfrieren und Austrocknen schützen, verwelkte Blütenstände der männlichen Pflanze entfernen, Blüten der weiblichen Skimmie unberührt lassen
Schädlinge: Spinnmilben, Blatt-, Woll- oder Schmierläuse

SCHEINBEERE [7]
Gaultheria procumbens
Wuchs: Aufrecht kompakt, bodendeckend, immergrün, bis 15 cm hoch, mehrjährig
Blüte: Weiße Blüten von Juni bis August, tiefrote Beeren im Herbst
Standort: Halbschattig, in Töpfen, Schalen oder Blumenkästen
Pflege: Benötigen ein saures Substrat, beispielsweise Rhododendronerde, die Erde mit weichem, kalkfreiem Wasser feucht halten und im Frühjahr nach dem Rückschnitt einmal pro Woche flüssig düngen

TORFMYRTE [8]
Gaultheria mucronata
Wuchs: Aufrecht strauchig, 50 cm bis 1 m hoch, immergrün, robust, mehrjährig
Blüte/Frucht: Beeren in Weiß, Zartrosa, Pink-Violett ab Oktober, nur weibliche Pflanzen haben die hübschen Früchte, da die Torfmyrte zweihäusig verteilte Blüten besitzt, muss hierfür ein männlicher Pollenlieferant in der Nähe sein
Standort: Halbschattig, in Töpfen, Schalen, Blumenkästen oder Kübeln
Pflege: Benötigen saures Substrat wie Rhododendronerde, Erde mit weichem, kalkfreiem Wasser feucht halten und im Frühjahr einmal pro Woche flüssig düngen, bedingt frosthart, guter Winterschutz mit Vlies und Jute notwendig

[5]

[6]

[7]

[8]

HERBST

[1]

[2]

[3]

[4]

BLATT-SPEKTAKEL
in acht Vorstellungen

Im Herbst bieten die Blätter von Ziergehölzen ein farbenprächtiges Blatt-Spektakel: von gelb-orange bis dunkelrot, silberweiße Drahtgestelle und buntgezeichnete Blattschönheiten.

STRAUCHVERONIKA [1]
Hebe-Andersonii-Hybriden
Aussehen: Aufrecht-strauchförmig, mit frischen saftgrünen oder bunt gezeichneten Blättern, bis 1 m hoch, je nach Art und Sorte teils nur mäßig winterhart
Blüte: Klein in Trauben oder Ähren in Rot, Rosa, Violett oder Weiß, von August bis Oktober
Standort: Hell, ohne direkte Sonne (Sorten mit buntem Laub) bis halbschattig (grünes Laub), in Töpfen, Kästen oder Kübeln
Pflege: Gleichmäßig feucht halten und im Frühjahr/Sommer einmal pro Woche flüssig düngen. Abgeblühtes entfernen. Überwinterung hell bei 5 bis 10 °C, in milden Regionen auch mit Winterschutz im Freiland möglich.
Schädlinge & Krankheiten: Blatt- und Schildläuse, Spinnmilben, Grauschimmel

SILBERBLATT [2]
Senecio cineraria
Aussehen: Aufrecht, bis 40 cm hoch, Blattform variabel von gezähnt bis eingebuchtet, mit dichtem weißen Pilz überzogen, oft etwas bläulich schimmernd, bedingt winterhart
Blüte: Gelbe Blüten in Schirmtrauben, aber nur bei mehrjähriger Kultur
Standort: Sonnig und regengeschützt, in Töpfen, Schalen, Balkonkästen oder Kübeln
Pflege: Gleichmäßig feucht halten, mittlerer Nährstoffbedarf. Überwinterung lohnt nicht, da der Strauch recht sperrig wächst.
Schädlinge & Krankheiten: Blattläuse, Grauschimmel
Besonderheiten: In allen Teilen giftig

PURPURGLÖCKCHEN [3]
Heuchera-Arten
Aussehen: Kompakt buschig, horstbildend, zeigt große Farben- und Formenvielfalt, Blätter in Limettengrün, Rot-Braun über silbriges Rot-Grün bis hin zu Bernstein, immergrün und winterhart
Blüte: 40 bis 80 cm hohe Blütenrispen mit kleinen weißen, gelben, rosa- oder purpurfarbenen Glöckchen. Blüht sortenabhängig zwischen Juli und September.
Standort: Sonnig für rotlaubige Sorten, da sie bei zu wenig Licht vergrünen. Sorten mit gelb- bis orangefarbenem Laub im Halbschatten, sie bekommen in der Sonne Flecken und sind wie die grünlaubigen Sorten im Halbschatten am besten aufgehoben. Als Gefäße geeignet sind Töpfe, Schalen, Balkonkästen oder Kübeln.
Pflege: Balkonpflanzenerde gleichmäßig feucht halten und dabei im Frühjahr/Sommer einmal pro Woche flüssig düngen, mittlerer Nährstoffbedarf
Besonderheiten: Sehr robust, lockt Bienen und Schmetterlinge an

SILBERFADEN [4]
Calocephalus brownii
Aussehen: Aufrecht strauchig, silbergraue, stark verzweigte Triebe, bis 40 cm hoch, mehrjährig
Blüte: Kleine, traubenartige Blütenstände. Die Knospen sind silbrig, die Blüten gelblich, unscheinbar.
Standort: Sonnig bis halbschattig, in Töpfen, Schalen, Balkonkästen oder Kübeln
Pflege: Gleichmäßig feucht halten, mittlerer Nährstoffbedarf. Die Pflanze ist nicht winterhart und benötigt deshalb eine helle Überwinterung bei 5 bis 10 °C.
Krankheiten: Grauschimmel

FLÜGEL-SPINDELSTRAUCH [5]
Euonymus alatus
Aussehen: Aufrecht strauchförmig, im Kübel 2 bis 3 m hoch, farbenprächtiges Herbstlaub von gelb-orange bis dunkelrot
Blüte/Frucht: Blüten von Mai bis Juni in grünlichem Gelb bis Weiß am zweijährigen Holz. Attraktive purpurfarbene Früchte im September bis Oktober.
Standort: Sonnig bis halbschattig, in Kübeln
Pflege: Gleichmäßig feucht halten, im Frühjahr/Sommer einmal pro Woche flüssig düngen. Gefäß im Winter mit Vlies und Jute vor dem Durchfrieren und Austrocknen schützen.
Schädlinge & Krankheiten: Blatt- und Deckelschildläuse, Echter Mehltau
Besonderheiten: Zweige mit auffallend breiten Korkleisten. In allen Teilen giftig.

KAHLE FELSENBIRNE [6]
Amelanchier laevis
Aussehen: Mehrstämmig, leicht überhängende, schirmförmige Krone, Höhe 2 bis 3 m im Kübel, langsam wachsend
Blüte/Früchte: Weiße, hängende Blütentrauben von April bis Mai, schwarzrote Beeren im Juli, die essbar sind
Standort: Sonnig bis halbschattig, in Kübeln
Pflege: Geichmäßig feucht halten, im Frühjahr/Sommer einmal pro Woche flüssig düngen. Gefäß im Winter mit Vlies und Jute vor dem Durchfrieren/Austrocknen schützen.
Krankheiten: Echter Mehltau
Besonderheiten: Wird als Vier-Jahreszeiten-Gehölz bezeichnet: schöne Blüten und rötlicher Blattaustrieb im Frühling, schwarze, essbare Beeren im Sommer, orangefarbene Herbstfärbung, elgante Zweige im Winter

FÄCHER-AHORN [7]
Acer palmatum
Aussehen: Aufrecht bizarrer Wuchs mit rundlich bis schirmartig übergeneigter Krone, 2 bis 3 m hoch im Kübel, dunkelgrüne Blätter mit leuchtend oranger bis roter Herbstfärbung
Blüte/Früchte: Purpurrote Blüten im Mai, Früchte aus zwei Flügeln bestehend im September
Standort: Sonnig bis halbschattig, windgeschützt, in Kübeln
Pflege: Gleichmäßig feucht halten und im Frühjahr/Sommer einmal pro Woche flüssig düngen. Winterschutz für jüngere, noch frostgefährdete Pflanzen mit Vlies und Jute, allgemein das Gefäß vor dem Durchfrieren und Austrocknen schützen.
Krankheiten: Verticillium-Welke

LAMPENPUTZERGRAS [8]
Pennisetum setaceum 'Fireworks'
Aussehen: Bis 70 cm hohe Strukturpflanze. An der Basis gestreifte, dann rote Halme.
Blüte: Blütenstände wie Lamputzer in Dunkelrot-Braun von Juli bis Oktober
Standort: Sonnig in Kübeln
Pflege: Gleichmäßig feucht halten, im Frühjahr/Sommer einmal pro Woche flüssig düngen. Gefäß vor dem Durchfrieren und Austrocknen schützen. Im Frühjahr die Halme etwa handhoch über dem Boden zurückschneiden. Regelmäßig teilen.
Krankheiten: Rost

HERBST

FRÜCHTEPARADIES
mit Mini-Obst

Mini-Obstbäume im Topf schenken Ihnen im Spätsommer zahlreiche Früchte. Durch ihren kompakten Wuchs eignen sich die Obstzwerge bestens für Balkon und Terrasse.

BIRNE [1]
Pyrus communis
Aussehen: Säulenbirne mit einem sehr schmalen, säulenförmig-pyramidalen Wuchs, mit kurzen Seitentrieben besetzt, 2 bis 3,50 m Höhe, auch als Halb- oder Zwergstamm im Kübel möglich, auf Fremdbefruchtung angewiesen, zur Befruchtung sind nur Sorten geeignet, die in der Blütezeit etwa übereinstimmen wie 'Decora', 'Condora' oder 'Obelisk'
Kultur: Sonnig bis halbschattig im Kübel mit mindestens 30 Litern Erdinhalt, strukturstabile Bio-Pflanzenerde verwenden, regelmäßig gießen, von April bis August einmal wöchentlich Flüssigdünger geben, Seitentriebe im Sommer oder Winter auf 40 cm einkürzen, Gefäß im Winter vor dem Durchfrieren und Austrocknen schützen
Erntezeit: September bis Oktober

ZWETSCHGE [2]
Prunus domestica
Aussehen: Keine klassische Säule, aber kompakter Wuchs durch Verzicht auf Anschnitt des Mitteltriebes und Kurzhalten von waagrechten Fruchtästen, 2 bis 3 m hoch, viele Sorten sind Selbstbefruchter wie 'Anja', 'Fruca' oder 'Pruntop'
Kultur: Sonnig bis halbschattig im Kübel mit mindestens 30 Litern Erdinhalt, strukturstabile Bio-Pflanzenerde verwenden, regelmäßig gießen, auch im Winter nicht austrocknen lassen, im Frühjahr und Sommer einmal wöchentlich nachdüngen, Seitentriebe werden im Sommer oder Winter auf etwa 50 cm eingekürzt, Gefäß im Winter vor dem Durchfrieren schützen und mit Vlies oder Jute umhüllen
Erntezeit: August bis September

APFEL [3]
Malus domestica
Aussehen: Als Säulenäpfel mit dominierendem Mitteltrieb, der mit sehr kurzen Seitentrieben (Fruchtspieße) besetzt ist und auf einer Höhe von 2 bis 3 m gehalten wird, alternativ auch Zwergapfelsorten, die sich gut für die Kultur in Kübeln eignen, selbstbefruchtende Sorten bei Einzelstellung oder zwei verschiedene Sorten zur Befruchtung wählen, auch auf krankheitsresistente Sorten achten, Sortenbeispiele: 'Rondo', 'Sonate' oder 'Starcats'
Kultur: Nach dem Kauf oder im folgenden Herbst in einen größeren Kübel umpflanzen, ideal sind Gefäße mit mindestens 30 Litern Erdinhalt, strukturstabile Bio-Pflanzenerde verwenden, sonnigen bis halbschattigen Standort wählen, regelmäßig gießen, auch im Winter nicht austrocknen lassen und vor dem Durchfrieren schützen, im Frühjahr und Sommer nachdüngen und Seitentriebe im Juni auf zwei

bis drei Augen einkürzen, Höhenbegrenzung erfolgt nach sechs bis sieben Jahren durch Ableiten auf eine Seitenverzweigung im Winter oder im August
Erntezeit: August bis Oktober

KIWI [4]
Actinidia deliciosa
Aussehen: Schlingende Kletterpflanze mit Kletterhilfe, auf winterharte und selbstbefruchtende Sorten achten, beispielsweise 'Solo', ansonsten weibliche und männliche Sorten zusammenpflanzen, eine robuste Alternative für rauhe Lagen ist die kleinfruchtige Arguta-Kiwi *(Actinidia arguta)*, deren Früchte haben eine glatte Schale, die mitgegessen werden kann
Kultur: Sonniger Standort vor einer geschützten, warmen Hauswand, große Kübel mit mindestens 30 Litern Volumen und strukturstabile Bio-Pflanzenerde verwenden, regelmäßig ausreichend gießen, von April bis September einmal wöchentlich nachdüngen, dicken Winterschutz geben, um den Wurzelraum gegen Frost zu schützen, im Spätwinter das abgetragene Holz auf die Hälfte zurückschneiden und dabei Zapfen zwischen den Augen stehen lassen, zu dichte Triebe auslichten
Erntezeit: Oktober bis November, Genussreife erst durch Lagerung von vier bis acht Wochen bei ca. 10 bis 12 °C, erste Früchte nach zwei bis drei Jahren

FEIGE [5]
Ficus carica
Aussehen: Mittelstark, buschig bis strauchig wachsend, bis zu 2 m hoch, je nach Sorte jedes Jahr bis zu drei Generationen an Blütenständen möglich, die Sommer- und Herbstfrüchte reifen im Juni/Juli beziehungsweise August/September ab, die dritte Generation, die Winterfrüchte, reifen in unserer gemäßigten Klimazone meist nicht aus
Kultur: Sonniger Standort, am besten eine warme Südwand wählen, ausreichend große Kübel (> 30 bis 40 Liter Volumen) und strukturstabile Bio-Pflanzenerde verwenden, auf regelmäßige Wassergaben und organische Düngung im Frühjahr und Sommer reagiert die Feige mit reichem Fruchtansatz, der Schnitt beschränkt sich auf jährliches Auslichten von abgetragenen und abgestorbenen Zweigen, ab und an einen alten Ast am Boden entfernen, um eine Stockerneuerung von der Basis aus zu ermöglichen, junge Pflanzen können öfters gestutzt werden, um einen schönen verzweigten Aufbau zu erhalten, Winterschutz ist wichtig, vor allem der Wurzelraum ist gegen Frost und Austrocknen zu schützen, oder nach Laubabwurf dunkel zwischen 0 bis 10 °C überwintern
Erntezeit: Juli bis Oktober

WEINREBE [6]
Vitis vinifera
Aussehen: Als Spalierobst die Fruchttriebe an einem geeigneten Spalier oder stabilen Rankgerüst befestigen und erziehen, bis 2 m Höhe, weiße, blaue und rote Trauben oder als Besonderheit alle drei zusammen in einem Topf ('Tricolor')
Kultur: Sonniger Standort, am besten eine warme Südwand, ausreichend große Kübel wählen mit 30 bis 40 Litern Volumen und strukturstabile Bio-Pflanzenerde verwenden, regelmäßig gießen und im Frühjahr und Sommer einmal wöchentlich Flüssigdünger hinzugeben, benötigen viel Sonne, deshalb Geiztriebe und Blätter entfernen, so trocknen die Pflanzen nach dem Regen schneller ab und sind weniger anfällig für Grauschimmel, Winterschutz ist wichtig, vor allem der Wurzelraum ist mit Vlies und Jute gegen Frost zu schützen, für eine gute Ernte im nächsten Winter die abgetragenen Triebe zwischen dem zweiten und dritten Auge einkürzen, und zwar so, dass ein Stummel entsteht
Erntezeit: September bis Oktober, wenn weiße Sorten heller werden und leicht durchsichtig erscheinen, blaue Sorten färben sich ein

[4]

[5]

[6]

WINTER
Gemütlich schön

AUCH DIE KALTE JAHRESZEIT HAT IHREN REIZ. IMMERGRÜNE GEHÖLZE ZEIGEN SICH MIT BIZARREM WUCHS UND TROCKENE GRÄSER MIT SAMENSTÄNDEN, DIE SICH MIT RAUREIF BESETZT BESONDERS HÜBSCH MACHEN. UND PÜNKTLICH ZUR WEIHNACHTSZEIT BLÜHEN DIE ERSTEN CHRISTROSEN.

WINTER

[a]

[c]

VIELE ÜBERWINTERUNGSGÄSTE BRAUCHEN HELLE STELLPLÄTZE.

[b]

[d]

DAS IST *wirklich* WICHTIG

[a] VOR DEM EINRÄUMEN ins Winterquartier sind verwelkte Blüten, gelbe Blätter und abgestorbene Zweige sowie Unkraut im Topf zu entfernen.

[b] UM PLATZ ZU SPAREN, lässt sich die Zitrone recht gut mit einem Juteband zusammenbinden.

[c] EINE SACKKARRE hilft Ihnen beim Transport der zum Teil doch schweren Kübelpflanzen. Der hellste Platz im Winterquartier ist direkt am Fenster und somit für Ihre Überwinterungsgäste reserviert.

[d] KLEINE TÜTCHEN MIT RAUBMILBEN verteilen Sie gleichmäßig im oberen Drittel der Pflanze.

WINTERQUARTIER
Kübelpflanzen einräumen

Die meisten Ihrer Kübelpflanzen vertragen keinen oder nur geringen Frost und müssen daher im Winter in Sicherheit gebracht werden. Schließlich sollen Ihre Pflanzenschätze auch im nächsten Jahr wieder ihre volle Pracht entfalten.

WINTERQUARTIERE

Bereits bei der Pflanzenauswahl sollten Sie bedenken, welches Winterquartier vorhanden ist. Infrage kommen kleinere Gewächs- oder Gartenhäuschen, Wintergärten, kühlere Zimmer, Treppenhäuser, Garagen, Keller oder Kellerlichtschächte. Im Idealfall sind diese frostfrei, hell sowie gut durchlüft- und temperierbar. Viele Kübelpflanzen fühlen sich bei gleichbleibenden Temperaturen von rund 5 bis 10 °C am wohlsten (S. 142–143). Die Luftfeuchtigkeit sollte dabei trotz trockener Heizungsluft nicht zu gering sein. So vermeiden Sie braune Blattspitzen und verringern das Risiko, dass lästige Schädlinge wie Spinnmilben oder Thripse sich in trockener Luft vermehren. Kübelpflanzen, die sich im Winter gut zur Ruhe bringen lassen, können Sie auch in dunkleren Kellern überwintern. Ihnen stehen keine der aufgezählten Winterquartiere zur Verfügung? Hier gibt es Abhilfe: Viele Gärtnereien bieten als Dienstleistung die Überwinterung von Kübelpflanzen mit Abhol- und Bringservice an.

DIE ERSTEN SCHRITTE INS QUARTIER

Der richtige Zeitpunkt, Ihre Pflanzen ins Winterquartier zu räumen, ist abhängig von der Frostempfindlichkeit der einzelnen Arten (S. 142–143). Vor dem Einräumen sollte der Topfballen nicht zu nass sein. Dann fällt Ihnen der Transport wesentlich leichter. Schneiden Sie jetzt verwelkte Blüten, gelbe Blätter und abgestorbene Zweige ab. Auch das Unkraut im Topf darf draußen bleiben [→a]. Kontrollieren Sie die Pflanzen unbedingt auch noch mal auf Schädlingsbefall. Um Platz zu sparen und der Einladung für Pilzkrankheiten vorzubeugen, schneiden Sie die Pflanzen zurück, für die es zum Einräumtermin empfohlen wird (S. 142–143). Alternativ können Sie ausladende Triebe mit etwas Jute oder einer Schnur zusammenbinden [→b].

VERSORGUNG IM LAGER

Stellen Sie die Pflanzen an einen hellen Platz [→c]. Je nach Helligkeit und Temperatur ist der Überwinterungsgast in regelmäßigem Abstand mäßig zu gießen. Keinesfalls sollte der Topfballen vollständig austrocknen. Während der Ruhephase im Winter brauchen Kübelpflanzen nicht gedüngt werden. Eine Ausnahme stellen immergrüne Pflanzen dar, die während günstiger Licht- und Temperaturbedingungen auch im Winter weiterwachsen. Hier empfiehlt es sich, alle drei bis vier Wochen einen Flüssigdünger niedrig konzentriert einzusetzen. Um den im Winter bei trockener Heizungsluft häufig auftretenden Spinnmilben vorbeugend entgegenzuwirken, können Sie kleine Tütchen mit Raubmilben *(Amblyseius californicus)* als Nützlinge einsetzen [→d]. Diese jagen die Spinnmilben bei Temperaturen von mindestens 8 °C.

ÜBERWINTERUNG IM FREIEN

Weniger frostempfindliche Kübelpflanzen wie Kirschlorbeer und Feige lassen sich mit entsprechenden Schutzmaßnahmen im Freien überwintern. Sie werden hierzu mit Luftpolsterfolie und Jute eingewickelt und an eine schützende Hauswand oder unter ein Dach gerückt. Bewährt hat sich auch das Einstellen des Kübels in einen größeren Karton, dessen Zwischenräume mit trockenem Laub, Stroh oder Rindenmulch ausgefüllt sind. Der Standort sollte vor Wind und Wintersonne geschützt sein. Denn besonders gefährlich sind sonnige Wintertage mit Minusgraden. Die Blätter verdunsten viel Wasser, ohne dass die Wurzeln aus dem gefrorenen Substrat Wasser nachliefern können. Als Folge vertrocknen die Pflanzen buchstäblich.

WINTER

[a]

[b]

[c]

DIE GARTEN-SCHERE MUSS EINE SCHARFE KLINGE HABEN.

DAS IST *wirklich* WICHTIG

[a] TOTE ODER KRANKE TRIEBE stellen immer eine Infektionsquelle dar und müssen deshalb unbedingt entfernt werden.

[b] NACH INNEN WACHSENDE TRIEBE schneiden Sie ebenfalls heraus, um einen luftig lockeren Pflanzenaufbau zu erhalten.

[c] DIESEN ANSATZ DER GARTENSCHERE gilt es sich einzuprägen: leicht schräg und 0,5 cm über einer nach außen stehenden Knospe. So kann sich auf den Schnittstellen kein Wasser sammeln und die Gefahr von Pilzkrankheiten wird verringert.

[d] ALLE ROSENTRIEBE sind in etwa auf der gleichen Höhe zu kürzen. Das garantiert, dass durch eine ausgeglichene Saftwaage in den Pflanzentrieben ein gleichmäßiger Austrieb im Frühjahr erfolgt.

[d]

WINTERSCHNITT

für Rosen und Säulenobst

Damit die Rosen im Kübel jedes Jahr im Sommer kräftig blühen und das Säulenobst Ihnen im Herbst eine reiche Ernte beschert, sind im Winter ein paar Schnittmaßnahmen notwendig. Dabei können Sie weitaus weniger falsch machen, als Sie vielleicht denken.

ROSENSCHNITT: LUFTIG UND LOCKER

Wenn im November oder Dezember die ersten Minusgrade die noch vorhandenen Blätter und Knospen erfrieren lassen, ist ein guter Zeitpunkt, stark wachsende Rosen auf etwa zwei Drittel ihrer Größe zurückzuschneiden, um eventuell pilz- und schädlingsbefallene Zweige, Triebspitzen und Blätter zu entfernen. Der eigentliche, ausführlichere Schnitt erfolgt im anschließenden Frühjahr, wenn keine starken Fröste mehr zu erwarten sind. Denn dann ist erkennbar, welche Zweige den Winter ohne Schaden überlebt haben und welche Augen austreiben. Die folgenden Schnittregeln betreffen sowohl den Winter- als auch den Frühjahrsschnitt.

Als Erstes gilt: nur scharfe Gartenscheren verwenden, damit keine Quetschungen an den Schnittstellen entstehen, die Eintrittspforten für pilzliche Krankheiten bieten. Schneiden Sie generell tote oder kranke Triebe bis ins gesunde Holz zurück [→a]. Nach innen wachsende und sich kreuzende Triebe werden ebenfalls herausgenommen [→b], genauso wie die Wildtriebe, die unterhalb der Veredlungsstelle am Wurzelhals austreiben. Wichtig ist hierbei, keine Aststummel stehen zu lassen. Der eigentliche Schnitt erfolgt leicht schräg, damit sich auf der Schnittstelle kein Wasser sammeln kann, etwa 0,5 cm über einer nach außen stehenden Knospe [→c]. So erreichen Sie einen luftigen und lockeren Wuchs Ihrer Topfrosen, mindern den Befallsdruck durch Pilze wie Sternrußtau oder Rosenrost und sichern einen reichen Blütenflor im Sommer.

Achten Sie noch darauf, dass Sie alle Rosentriebe etwa auf die gleiche Höhe schneiden, um eine ausgeglichene Pflanzensaftwaage in den Leitungsbahnen der Rosentriebe für einen gleichmäßigen Austrieb zu erhalten [→d].

SÄULENOBST: EINMAL SPITZEN SCHNEIDEN

Durch ihren säulenartigen, kompakten Wuchs eignen sich die verschiedenen Obstsorten im Miniformat bestens für Balkon und Terrasse. Lediglich ein paar Schnittmaßnahmen sind fällig, damit die Bäumchen schön ihre Form behalten.

Der Säulenapfel benötigt fast keinen Schnitt, da seine schlanke Linie genetisch bedingt von Natur aus vorgegeben ist. Was für ein Glückspilz, könnte man jetzt vielleicht denken. Wenn doch einzelne Seitentriebe aus der Säulenform herauswachsen, sind diese auf etwa 5 bis 10 cm einzukürzen. Die Höhenbegrenzung erfolgt erst nach sechs bis sieben Jahren durch Ableiten auf eine Seitenverzweigung.

Etwas anders gelagert ist die Situation bei Säulenbirne, -zwetschge, -kirsche, -pfirsich oder -aprikose. Ihre schlanke Form ist nur teilweise genetisch bedingt. Aus diesem Grund empfiehlt sich ein jährlicher Pflegeschnitt im Winter (November bis Februar). Dieser beschränkt sich aber auch nur auf ein Einkürzen der Seitentriebe, je nach Obstart in unterschiedlicher Länge (S. 130–131), sowie auf die Reduzierung des Mitteltriebes auf die gewünschte Endhöhe.

SOMMERSCHNITT Die beschriebenen Schnittmaßnahmen für das Säulenobst können Sie sowohl im Winter durchführen als auch während der Vegetationsperiode im Sommer, wenn die kleinen Bäumchen im vollen Saft stehen. Der Sommerschnitt hat positiv zur Folge, dass sich im Vergleich zum Winterschnitt der Neuaustrieb im folgenden Frühjahr moderater verhält.

WINTER

DAS IST *wirklich* WICHTIG

[a] DIE ERDE LÄSST SICH LEICHTER ENTFERNEN, wenn sie trocken ist. Deswegen sollten Sie den Kasten erst etwas abtrocknen lassen, bevor Sie beginnen.

[b] DIE TRIEBE 5 BIS 10 CM EINKÜRZEN Verwenden Sie hierzu stets eine scharfe Gartenschere oder ein scharfes Messer. Eine Holzkiste eignet sich bestens zur Aufbewahrung, da sich die Zwiebeln, Knollen und Wurzelstöcke schön nach Fächern sortieren lassen.

[c] EINE ABDECKUNG mit trockenem Sand bewahrt die Wurzelstöcke und Knollen vor dem Austrocknen.

[d] IM NÄCHSTEN FRÜHJAHR werden Sie glücklich darüber sein, die Etiketten jetzt angebracht zu haben. Oder aber Sie lieben Überraschungen und wildeste Farbkreationen, dann lassen Sie die Etiketten bewusst weg!

NUR GESUNDE UND FESTE KNOLLEN KOMMEN INS LAGER.

ZWIEBELBLUMEN

nachhaltig überwintern

Sommerblühende Balkonstars mit Zwiebeln, Knollen oder Wurzelstöcken – der Einfachheit halber im Folgenden alle als Zwiebelblumen bezeichnet – können frostfrei eingelagert werden. Im nächsten Jahr starten sie dann wieder richtig durch.

Nehmen Sie die Mehrarbeit des Überwinterns Ihren sommerblühenden Zwiebelblumen nicht übel. Natürlich bedarf es einiger Zeit, jedes Jahr im Spätherbst die Knollen oder Wurzelstöcke vor dem ersten Frost kühl im Keller einzulagern und im April oder Mai wieder frisch in Kübeln anzutreiben. Sehen Sie aber vielmehr die Möglichkeit der Überwinterung als besonderen Mehrwert, durch den sich Ihre Zwiebelblumen in einem fantastischen Preis-Leistungs-Verhältnis präsentieren. Ihre Lieblingssorte aus diesem Jahr wird sicher auch nächste Saison wieder mächtig für Furore sorgen. Und wer weiß, ob Sie genau diese Sorte beim Gärtner wieder bekommen würden. Ein weiterer Aspekt für die Überwinterung von Zwiebelblumen: Jahreszeiten wieder bewusst erleben. Heben Sie doch einfach ein paar Knollen auf. Erfreuen Sie sich im nächsten Frühling am Neuaustrieb und Sie werden sehen, es macht Spaß und bringt Genugtuung, damit bewusst gegen den Strom unserer heutigen Wegwerfgesellschaft zu schwimmen.

FROSTFREI EINLAGERN – SO FUNKTIONIERT'S
Vor dem ersten Frost nehmen Sie die Pflanzen aus den Kübeln oder Blumenkästen heraus. Die Erde leicht abschütteln oder mit der Hand entfernen [→a]. Jetzt schneiden Sie die Triebe bis auf etwa 5 bis 10 cm zurück [→b]. Achten Sie darauf, dass sich die Wurzelstöcke fest und gesund anfühlen. Die guten kommen ins Kistchen, von fauligen Wurzelstöcken sollte man sich lieber trennen. Es hat sich bewährt, die Knollen und Wurzelstöcke in trockenen Sand oder Zeitungspapier einzuschlagen, damit sie nicht zu schnell austrocknen [→c].

Um im nächsten Frühling zu wissen, welche Blume sich hinter welcher Knolle oder welchem Wurzelstock versteckt, sind entsprechende Etiketten anzubringen [→d]. Oder aber Sie heben nach dem Kauf im Frühling die Sortenbeschreibung auf, die sich inklusive Bild an der Verpackung der Sommerzwiebelblumen befand. Die Temperatur im Winterquartier liegt im günstigsten Fall bei 10 °C oder etwas kühler.

Ab März können Sie die Pflanzen in nährstoffreicher Blumenerde wieder antreiben. Entweder Sie setzen sie zunächst in kleinere Einzeltöpfe oder aber die Zwiebeln, Knollen und Wurzelstöcke kommen direkt in den vorgesehenen Sommertopf. Licht und Wärme sind jetzt erforderlich und natürlich auch eine gleichmäßige Substratfeuchte. Ab etwa vier Wochen sollten Sie zudem einmal pro Woche flüssig düngen. Ins Freie dürfen die Pflänzchen erst wieder, wenn keine Fröste mehr drohen.

EIN DAHLIENSTRAUSS ZUM ABSCHIED Wenn sich der erste Frost ankündigt, bietet es sich an, einige der farbenprächtigen Blüten für einen schönen Blumenstrauß abzuschneiden. Entfernen Sie hierfür alle Blätter, die ins Vasenwasser reichen würden. Andernfalls faulen sie und beeinträchtigen die Haltbarkeit der frisch geschnittenen Blumen. Wenn Sie die Stiele mit einem scharfen Messer schräg anschneiden und ganz kurz die Enden in heißes Wasser tauchen, halten die Blumen oft etwas länger.

WINTER

[a]

[b]

DAS IST
wirklich
WICHTIG

[a] FARBE IM WINTER Der *Ilex maximowicziana* var. *kanehirae* und sein zierender Hartriegel-Schmuck bringen Farbe in die winterliche Terrassen-Tristesse. Ein winterlicher Hingucker auch vom Wohnzimmer aus!

[b] WENN DAS BALKONJAHR ZU ENDE GEHT, beginnt der große Auftritt der vielseitigen Christrosen. Hübsch, wie sie sich mit verschiedenen Wärmematerialien ummanteln lassen.

[c] DIE FLACKERNDEN WINDLICHTER zwischen Ziergräsern und Immergrünen sorgen nicht nur im Sommer, sondern auch im Winter für eine gemütliche Atmosphäre.

[c]

WINTER-ARRANGEMENTS

Hingucker in der kalten Jahreszeit

In der kalten und frostigen Jahreszeit legt der Topfgarten im Grunde eine kleine schöpferische Pause ein. Doch auch zu dieser Zeit können ein paar hübsch bepflanzte Töpfe, Balkonkästen oder Schalen ganz reizvoll wirken.

IMMERGRÜNE MUTMACHER

Winterlich mit einem dicken Mantel eingepackt, kommen die bizarren Strukturen immergrüner Zwerggehölze wie Zwerg-Kiefer, Muschelzypresse oder Buchsbaum jetzt so richtig zur Geltung. Mit seinem etwas eigenwilligen Wuchs sorgt der *Ilex maximowicziana* var. *kanehirae* für Aufsehen [→a]. Rote Hartriegelzweige bringen noch einen schönen farblichen Kontrast hervor und eignen sich nebenbei gut zum Anbringen von Advents-Accessoires oder selbst gemachten Vogel-Leckerlis (S. 148–149). Die Zwerggehölze lassen sich vortrefflich mit immergrünen Stauden kombinieren, deren Blätter sich bei Kälte oftmals rötlich verfärben, wie die im Frühjahr blühenden Bergenien, Schleifenblumen oder das Immergrün *(Vinca minor)*. Auch im Winter grün bleibende Farne wie Hirschzunge, Tüpfel- oder Schildfarn setzen mit ihren filigranen Formen optische Reize.

WINTERLICHE BLÜTEN-SCHÖNHEITEN

Echte Winterblüher sind selten und deshalb für die kalte Jahreszeit auf Balkon und Terrasse unverzichtbar. Schneeheide, Winter-Jasmin und vor allem die Christrose *(Helleborus niger)* verzücken von Oktober bis März mit ihrer Blütenvielfalt in ausgefallenen Farbspielen und Musterungen [→b]. Mittlerweile sind viele Sorten der Christrose auf dem Markt, die nicht nur im Winter üppig blühen, sondern auch die Hitze des Sommers vertragen. Demnach können Sie sich über mehrere Jahre an den winterlichen Blüten-Schönheiten erfreuen. Wenn Sie die Töpfe mit verschiedenen wärmenden Naturmaterialien einwickeln, erhalten Sie neben der Blütenvielfalt noch weitere Abwechslung. Jute, Moos und Stroh lassen sich gut verarbeiten und sind zudem auch preiswert zu erhalten.

Anfang des neuen Jahres kommen die aus der Erde schlüpfenden weißen Schneeglöckchen oder Frühlings-Knotenblumen sowie Winterlinge hinzu, die mit ihrem leuchtenden Gelb noch zusätzlich Farbe ins Spiel bringen.

EISIGE GLITZERSPIELE

Die bereits im Herbst groß auftrumpfenden Ziergräser wie Lampenputzergras oder Segge wissen auch im Winter zu gefallen. Scheint an frostigen Tagen tagsüber die Sonne, zeigen sie uns von Eiskristallen umhüllt ihre glitzernde Welt. Bevor es gleich dunkel wird, werden sie jetzt schon kurz vor der Dämmerungsphase mit Windlichtern oder Lichterketten perfekt in Szene gesetzt [→c]. Wenn es auf Weihnachten zugeht und Sie auf Balkon und Terrasse eine schöne Adventsstimmung erreichen wollen, können Sie frostfeste Weihnachtskugeln in die immergrünen Zwerggehölze hängen.

SCHÖNER BLICK NACH DRAUSSEN Längere Aufenthalte im Winter auf Balkon und Terrasse sind selten. Meist sind es nur die Raucher, die sich notgedrungen kurz für drei Minuten in die Kälte hinauswagen. Aus diesem Grund sollten die winterlichen Arrangements gut vom Fenster aus zu sehen sein, am besten sogar noch vom gemütlichen Sofa aus.

WINTER

WER ÜBERWINTERT WIE?
Pflanzen im Frostcheck

Während einige Pflanzengattungen weniger frostempfindlich sind und über Winter gut eingepackt draußen bleiben dürfen, müssen mediterrane oder tropische Kübelpflanzen ins Quartier geräumt werden.

Immergrüne Winterzwerge (S. 144–145) können geschützt auch oft im Freien überwintert werden. Die Tabelle auf Seite 143 gibt Ihnen eine Übersicht, wer wie überwintert.

142

Überwinterung von Topf- und Kübelpflanzen

Deutscher Name	Frostempfindlichkeit		Temperatur im Winter- quartier (°C)	Licht	Rückschnitt beim Einräumen
	sehr empfindlich, vertragen keinen Frost	weniger empfindlich (kurzfristig bis –5 °C)			
Agave	×		3 bis 8	hell oder dunkel	–
Aloe, Echte	×		5 bis 10	hell	–
Aukube		×	0 bis 5	hell	Formschnitt möglich
Bleiwurz		×	2 bis 5	hell	×
Bougainvillee	×		5 bis 10	hell	×
Dattelpalme		×	5 bis 10	hell	–
Enzianstrauch	×		5 bis 10	hell	×
Engelstrompete	×		5 bis 10	hell oder dunkel	×
Erdbeerbaum		×	3 bis 8	hell	Formschnitt möglich
Fuchsie	×		4 bis 8	hell	×
Granatapfel		×	2 bis 5	hell	×
Hibiskus	×		10 bis 15	hell	Formschnitt möglich
Hortensie		×	5 bis 10	hell	–
Kamelie		×	5 bis 10	hell	–
Kassie, Gewürzrinde	×		2 bis 5	hell	×
Korallenstrauch	×		2 bis 5	hell oder dunkel	×
Lorbeerbaum		×	2 bis 5	hell	×
Mandevilla, Dipladenie	×		12 bis 15	hell	×
Oleander		×	5 bis 10	hell	–
Olive		×	5 bis 10	hell	Formschnitt möglich
Orange	×		5 bis 10	hell	×
Palmlilie		×	5 bis 15	hell	–
Passionsblume	×		8 bis 10	hell	Formschnitt möglich
Prinzessinnenblume	×		5 bis 15	hell	–
Rosmarin		×	5 bis 10	hell	×
Schmucklilie		×	5 bis 10	hell oder dunkel	–
Schönmalve	×		7 bis 12	hell	×
Vanilleblume	×		5 bis 10	hell	×
Wandelröschen	×		5 bis 10	hell	×
Wollmispel		×	5 bis 10	hell	×
Zierbanane	×		10 bis 16	hell	–
Zitrone	×		5 bis 10	hell	×
Zwergpalme		×	0 bis 10	hell	–
Zylinderputzer	×		2 bis 5	hell	–

[1]

[2]

[3]

[4]

IMMERGRÜNE
Winterzwerge

Kleinwüchsige, immergrüne Gehölze bezaubern auch im Winter mit wohltuenden Farbklecksen. Mit einer weißen Schneehaube bedeckt sehen sie aus wie grüne oder gelbe Winterzwerge.

BERG-KIEFER [1]
Pinus mugo
Aussehen: Kompakt, flachkugelig, im Kübel maximal 50 cm bis 1 m hoch, immergrün, mit dunkelgrünen Nadeln, oft sichelförmig gekrümmt
Blüte/Frucht: Blüten von Mai bis Juni, männliche Blüten gelb, weibliche purpurrot, hellbraune Zapfen als Früchte, ei- bis kegelförmig
Standort: Sonnig bis halbschattig, in Töpfen, Balkonkästen oder Kübeln
Pflege: Gleichmäßig feucht halten, im Frühjahr gelegentlich Flüssigdünger dazugeben

ZWERG-MUSCHELZYPRESSE [2]
Chamaecyparis obtusa 'Nana Gracilis'
Aussehen: Kompakt, unregelmäßig kugel- bis kegelförmig, sehr langsam wachsend, wird im Kübel maximal 50 cm hoch, immergrün, mit glänzend dunkelgrünen dichten, fächer- und muschelförmig gedrehten Zweigchen
Blüte/Frucht: Blüten von April bis Mai, unscheinbar, einhäusig, hellbraune Zapfen als Früchte, kugelig
Standort: Sonnig bis halbschattig, in Töpfen, Kästen oder Kübeln
Pflege: Kübelpflanzenerde gleichmäßig feucht halten und nur im Frühjahr gelegentlich einen Flüssigdünger dazugeben

ABENDLÄNDISCHER LEBENSBAUM [3]
Thuja occidentalis 'Tiny Tim'
Aussehen: Kompakt, kugel- bis kegelförmig, 50 cm bis 1 m hoch, immergrün, mit mattgrünen Schuppenblättern, Unterseite etwas heller
Blüte/Frucht: Unscheinbare Blüten von März bis April, kleine hellbraune Zapfen als Früchte
Standort: Sonnig bis halbschattig, in Töpfen oder Kübeln
Pflege: Kübelpflanzenerde gleichmäßig feucht halten und im Frühjahr/Sommer gelegentlich flüssig düngen, gut schnittverträglich

JAPANISCHE EIBE [4]
Taxus cuspidata 'Nana'
Aussehen: Flach wachsend bis kompakt strauchförmig, 1 bis 2 m hoch, immergrün, mit glänzend dunkel- bis schwarzgrünen Nadeln
Blüte/Frucht: Blüten von März bis April, unscheinbar, einhäusig, fleischige rote Scheinbeeren als Früchte
Standort: Sonnig bis halbschattig, in größeren Töpfen oder Kübeln
Pflege: Kübelpflanzenerde gleichmäßig feucht halten und im Frühjahr/Sommer gelegentlich flüssig düngen. Die Eibe ist gut schnittverträglich.

Besonderheiten: Mit Ausnahme des roten Samenmantels sind alle Pflanzenteile giftig.

BUCHSBAUM [5]
Buxus sempervirens
Aussehen: Kompakt, dicht verzweigt und strauchförmig, wird bis 1 m hoch, immergrün, mit eiförmigen und je nach Sorte dunkel- bis gelbgrünen Blättern
Blüte/Frucht: Gelbweiße Blüten von April bis Mai, harte schwarze Kapsel als Frucht
Standort: Sonnig bis schattig, in Töpfen, Blumenkästen oder Kübeln
Pflege: Gleichmäßig feucht halten und im Frühjahr/Sommer gelegentlich etwas Flüssigdünger hinzugeben. Bestens für Formschnitt geeignet.
Schädlinge: Buchsbaumzünsler
Besonderheiten: 'Suffruticosa' ist ein langsam und dicht buschig wachsender Heckenbuchs. Allerdings wird diese Sorte besonders in Süddeutschland auch vom schwer zu bekämpfenden Buchsbaumzünsler bevorzugt, dessen Raupen, in ihren Gespinsten geschützt, den Buchsbaum in Windeseile kahlfressen. Für die betroffenen Regionen bieten sich gattungsfremde Alternativen mit ähnlichem Wuchs an wie die Japanische Stechpalme *(Ilex crenata)*, Grüne Polsterberberitze *(Berberis buxifolia* 'Nana') oder Immergrüne Heckenkirsche *(Lonicera nitida)*.

STECHPALME [6]
Ilex aquifolium
Aussehen: Aufrecht strauch- bis kegelförmig, bis zu 2 m hoch, immergrün, mit glänzend dunkelgrünen, dornig gezähnten Blättern
Blüte/Frucht: Weiß und unscheinbar, Mai bis Juni, männliche und weibliche Blüten auf getrennten Pflanzen (zweihäusig), leuchtend rote Beeren, wenn männliche und weibliche Pflanzen beieinanderstehen
Standort: Halbschattig bis schattig, in Kübeln

Pflege: Gleichmäßig feucht halten, im Frühjahr/Sommer einmal pro Woche flüssig düngen, Rückschnitt möglich
Besonderheiten: Die Sorten 'Argentea Marginata' mit weißrandigen Blättern und 'Golden van Tol' (gelbrandig) sind empfehlenswert. Vorsicht: Früchte sind giftig

EFEU [7]
Hedera helix
Aussehen: Flach wachsend bis kletternd, mit Haftwurzeln (brauchen keine Rankhilfe), immergrün, meist herzförmige Blätter, je nach Sorte dunkelgrün, rahmweiß oder goldgelb panaschiert
Blüte/Frucht: Gelblich grüne Blüten, sortenabhängig von August bis Oktober, schwarze, giftige Beerenfrüchte im Februar, kugelig erbsengroß
Standort: Halbschattig bis schattig, in Töpfen, Schalen, Blumenkästen oder Kübeln
Pflege: Kübelpflanzenerde gleichmäßig feucht halten und im Frühjahr/Sommer regelmäßig Flüssigdünger hinzugeben. Um buschigen Wuchs zu erhalten, die Triebe im Frühjahr zurückschneiden.
Besonderheiten: Alle Pflanzenteile giftig

KIRSCHLORBEER [8]
Prunus laurocerasus
Aussehen: Rundlich, strauchförmig, 2 bis 3 m hoch, immergrün, mit länglich ledrigen, saftgrünen Blättern
Blüte/Frucht: Weiße, duftende Blüten von Mai bis Juni. Die anfangs grünen kugeligen Früchte sind in der Reife schwarz.
Standort: Sonnig bis schattig, in Kübeln geschützt an einer Hauswand, bei tiefen Frösten Winterschutz geben
Pflege: Kübelpflanzenerde gleichmäßig feucht halten, besonders an strahlungsreichen Wintertagen das Gießen nicht vergessen. Im Frühjahr/Sommer regelmäßig etwas Flüssigdünger hinzugeben, gut schnittverträglich.
Besonderheiten: Die Pflanze ist in allen Teilen giftig.

[5]

[6]

[7]

[8]

WINTER

BLÜTEN-BEAUTYS
für die kalte Jahreszeit

Keine aufregenden Blüten für den winterlichen Balkonkasten? Das ist Schnee von gestern. Gehen Sie mit auf Entdeckungstour, welche Blüten-Beautys es für die Gestaltung gibt.

FRÜHLINGS-KNOTENBLUME [1]
Leucojum vernum
Aussehen: Auch Märzenbecher genannt, wächst kompakt und bildet Horste, 15 bis 20 cm hoch, Zwiebelpflanze mit einer Pflanztiefe von 5 bis 10 cm (im Spätsommer oder Herbst)
Blüte: Becherförmig in Weiß, von Februar bis April
Standort: Sonnig bis halbschattig, in Töpfen, Schalen oder Blumenkästen
Pflege: Zwiebeln sofort in Blumenerde setzen, sie trocknen sonst aus. Gleichmäßig feucht halten, dabei aber nur mit geringen Wassermengen gießen, keine weiteren Nährstoffgaben erforderlich.

WINTER-JASMIN [2]
Jasminum nudiflorum
Aussehen: Aufrecht kletternd, 1 bis 1,50 m hoch, schmale, dunkelgrüne Blätter, sommergrün
Blüte: Sternförmig, leuchtend gelb, von Dezember bis April
Standort: Sonnig bis halbschattig, in Kübeln, benötigt Kletterhilfe
Pflege: Gleichmäßig feucht halten, im Frühjahr/Sommer regelmäßig flüssig düngen. Gefäß mit Folie und Jute im Winter schützen. Frühjahrsrückschnitt empfohlen, vor allem die abgeblühten Triebe auf kräftige Knospen zurücksetzen.

SCHNEEGLÖCKCHEN [3]
Galanthus nivalis
Aussehen: Kompakt wachsend, horstbildend, 10 bis 15 cm hoch, Zwiebelpflanze mit einer Pflanztiefe von 5 bis 10 cm (im Frühherbst)
Blüte: Becherförmig in Weiß, von Januar bis März
Standort: Halbschattig, in Töpfen, Schalen oder Blumenkästen
Pflege: Blumenerde gleichmäßig feucht halten, dabei aber nur mit geringen Wassermengen gießen. Zusätzliche Nährstoffgaben braucht das Schneeglöckchen nicht.
Besonderheiten: Einer der ersten Frühlingsboten. Vorsicht: ganze Pflanze ist giftig

CHRISTROSE [4]
Helleborus niger
Aussehen: Kompakt buschig, horstbildend, bis zu 30 cm hoch, immergrün, mit glänzenden, dunkelgrünen Blättern
Blüte: In Weiß, Gelb, Rosa und Rot, in ausgefallenen Formen und Musterungen, von Oktober bis März
Standort: Sonnig bis halbschattig je nach Sorte (siehe Tabelle), geschützt. In Töpfen, Blumenkästen, Schalen und Kübeln.
Pflege: Benötigen eine Blumenerde mit höherem pH-Wert zwischen 6,5 und 7,5 (kalkhaltig). Gleichmäßig feucht halten, hier bietet sich kalkhaltiges Leitungswasser

Farbenvielfalt der Christrosen

Sorte	Blütenfarbe	Blühbeginn	Standort
'HGC Ice Breaker Max'*	cremeweiß-grün	November	Sonne bis Halbschatten
'HGC Maestro'	cremerosa	Dezember	Halbschatten bis Sonne
'HGC Cinnamon Snow'	zimtfarben mit einem Hauch von Rosa	Dezember	Halbschatten
'SP Elly'**	dunkelrosa (gefüllt)	Dezember	Halbschatten bis Schatten
'HGC Pink Frost'	hellrosa	Februar	Halbschatten
'HGC Monte Christo'	cremeweiß, später dunkelrosa	Dezember	Halbschatten bis Sonne

* **H**elleborus **G**old **C**ollection, **S**pring **P**romise-**S**erie

[4]

an, Staunässe aber unbedingt vermeiden. Während der Vegetationsperioden regelmäßig flüssig düngen. Das Gefäß vor dem Durchfrieren und Austrocknen mit Jute, Moos oder Stroh schützen.
Besonderheiten: Wegen der Vorliebe für kalkhaltige Erden sind Kombinationen mit Heidepflanzen weniger günstig. Vorsicht: ganze Pflanze ist giftig

WINTERLING [5]
Eranthis cilicica
Aussehen: Kompakt wachsend, horstbildend, 10 bis 15 cm hoch, Zwiebelpflanze mit einer Pflanztiefe von 3 bis 5 cm (im September bis November)
Blüte: Leuchtend gelb, von Februar bis März
Standort: Sonnig, in Töpfen, Schalen oder Blumenkästen
Pflege: Gleichmäßig feucht halten, dabei aber nur mit geringen Wassermengen gießen. Zusätzliche Nährstoffgaben brauchen Winterlinge nicht.

Besonderheiten: Gut geeignet zum Verwildern unter lichten Gehölzen. Vorsicht: ganze Pflanze ist giftig

SCHNEEHEIDE [6]
Erica carnea
Aussehen: Aufrecht kompakt, strauchförmig, bis 40 cm hoch, nadelförmige, dunkelgrüne Blätter, immergrün
Blüte: Glocken-, krug- und röhrenförmige kleine Blüten in Weiß, Rosa, Purpur oder mehrfarbig, von November bis März
Standort: Sonnig bis halbschattig, in Töpfen, Balkonkästen, Schalen oder Kübeln
Pflege: Als Moorbeetpflanze benötigt sie ein saures Substrat, beispielsweise Rhododendronerde. Die Erde mit weichem, kalkfreiem Wasser feucht halten und später im Frühjahr nach dem Rückschnitt einmal pro Woche flüssig düngen.
Besonderheiten: Als blühender Kombipartner beispielsweise von Silberfaden oder -blatt in Blumenkästen oder Schalen

[5]

SO VIEL GRÜN Sommergrüne Pflanzen tragen nur im Frühjahr und Sommer grüne Blätter, die sie im Herbst und Winter zumeist mit Herbstfärbung abwerfen. Unter wintergrünen Gewächsen versteht man solche, die im Frühjahr neue Blätter austreiben und diese über den Sommer, Herbst und den Winter behalten. Sie verlieren die Blätter erst wieder zum Neuaustrieb im Frühjahr. Immergrüne Pflanzen behalten dagegen ihre Blätter das ganze Jahr hindurch.

[6]

WINTER

[a]

[c]

DAS IST
wirklich
WICHTIG

[a] ALS GRUND- UND AUSSTECHMASSE eignet sich am besten Rinder- oder Hammeltalg, den Sie vorsichtig in einem Topf erhitzen.

[b] JETZT KOMMEN KÖRNER, Haferflocken und Weizenkleie hinzu, damit die Vögel auch schön was zu picken haben.

[c] DAS KURZE SEIL AUS JUTE wird in die Formen eingearbeitet, bevor diese gefüllt werden. Vielleicht besitzen Sie ein paar nicht mehr ganz so schöne oder doppelte Ausstechformen, die Sie zukünftig immer für die Vogelplätzchen verwenden könnten.

[d] NACH DEM ABKÜHLEN DER MASSE werden die Formen befüllt. Dann für etwa eine Stunde im Tiefkühlschrank aushärten lassen.

[b]

[d]

VOGELRESTAURANT

Plätzchen backen für Piepmatze

Wenn Sie im Winter auf Balkon und Terrasse Ihr eigenes Vogelrestaurant eröffnen, bieten Sie heimischen Singvögeln ein leckeres Buffet in hungrigen Zeiten. Das bunte Treiben lässt sich von drinnen aus bestens beobachten.

REICHHALTIGES BUFFET

Als Basisfutter für alle Piepmatze eignen sich Sonnenblumenkerne, die im Zweifel von fast allen Arten gefressen werden. Sind die Kerne ungeschält, entsteht zwar mehr Abfall, aber die Vögel verweilen auch länger an der Futterstelle. Die Kerne können Sie geschält oder ungeschält im Handel kaufen. Oder aber Sie ziehen im Sommer zwei oder drei Sonnenblumen in einem Topf oder Kübel selbst auf, lassen die verwelkten Blütenköpfe ordentlich abreifen und klopfen im Anschluss die Sonnenblumenkerne heraus. Damit sich die Vögel nicht schon im frühen Herbst selbst bedienen, hängen Sie am besten ein Netz um die gelben Blütengesichter. Körnerfresser wie Finken, Spatzen, Sperlinge und Meisen sind ganz besonders heiß auf die kernigen Leckereien. Weichfutterfresser wie Amseln, Drosseln oder das beliebte Rotkehlchen bevorzugen eher frisches Obst, Haferflocken oder auch Rosinen. Keinesfalls sollten Sie den Vögeln salzige Nahrung wie Speck oder Salzkartoffeln anbieten. Auch von trockenem Brot ist abzuraten, da es im Magen der Vögel aufquillt und schnell verdirbt. Meisenknödel als Gemisch aus Fett und Samen sind eine Spezialität insbesondere für Meisen, daher auch der Name. Aber auch Buntspechte machen sich gerne an die Fettknödel. Mit relativ wenig Aufwand lässt sich eine besonders reichhaltige Nahrung für die einheimischen Vögel selbst zubereiten. Vor allem Ihre Kinder werden von der Idee ganz begeistert sein und die Vogelfütterung noch mehr als ein spannendes Erlebnis empfinden.

VOGELPLÄTZCHEN SELBER MACHEN

Verwenden Sie 200 g Rinder- oder Hammeltalg; als pflanzliche Alternative können Sie auch Kokosfett wählen. Das tierische Fett hat aber den Vorteil, dass es bereits bei etwa +10 °C aushärtet. Denn ist das Fett zu weich, könnte es an den Vogelfedern haften bleiben und den Vögeln dadurch schaden. Tierische Fette haben zudem eine höhere Energiedichte. Das Fett erwärmen Sie vorsichtig in einem Topf, bis es zu schmelzen beginnt [→a]. Lassen Sie es aber nicht kochen, denn über dem Schmelzpunkt fängt die Masse schnell an zu stinken. Wenn das Fett weich ist, geben Sie etwa die gleiche Menge an Samen oder Futtermischungen hinzu – Haferflocken, Sonnenblumenkerne und Weizenkleie eignen sich gut [→b]. Achten Sie darauf, den Körneranteil nicht wesentlich höher zu wählen als den Talganteil, da die Plätzchen später im erkalteten Zustand leicht bröckeln könnten. Mit einem Schuss Speiseöl verhindern Sie ebenfalls eine spätere Krümelbildung. Wenn die „Knetmasse" so weit abgekühlt ist, dass sie sich gut formen lässt, kommen verschiedene Ausstechformen zum Einsatz: Bäume, Sterne, Monde oder Engel – das macht sicher nicht nur Ihren Kindern Spaß. Bevor Sie die Talg-Körner-Masse hineinfüllen und gleichmäßig verteilen [→d], arbeiten Sie am besten vorher noch jeweils ein Juteseil mit ein [→c], mit dessen Hilfe die Vogelplätzchen später gut aufgehängt werden können (S. 151). Im Anschluss lässt man sie für etwa eine Stunde im Tiefkühlschrank aushärten. Das Aufhängen der Plätzchen lassen Sie am besten Ihre Kinder durchführen. Denn so wissen sie später genau, wo sie vom Wohnzimmer aus nach den Vögeln Ausschau halten müssen. Der Standort sollte nicht zu sonnig sein, damit die Futtermasse nicht gleich schmilzt, sobald die Temperaturen etwas ansteigen. Die Vögel sollten die Plätzchen auch gut erreichen können. Rote Hartriegeläste bieten ihnen Halt und zeigen zudem noch einen hübschen Farbkontrast. Schon bald wird sich der erste Piepmatz im Vogelrestaurant blicken lassen und sich freudig am Buffet bedienen.

WINTER

CHECKLISTE
Winterfütterung für Vögel

Tiere aus nächster Nähe zu beobachten, ist ein besonderes Naturerlebnis, gerade auch für Kinder. Und den Tieren hilft es sehr, wenn sie über den Winter zusätzlich versorgt werden.

DER RICHTIGE ZEITPUNKT
Im frühen Oktober bereits den Meisenknödel aufzuhängen, ist natürlich viel zu früh. Als grobe Zeitvorgabe lässt sich der Zeitraum von November bis Februar vorgeben. Sie sollten die Winterfütterung aber vor allen Dingen wetterabhängig machen. Wenn im Winter die Böden gefroren sind und Schnee und Eis die Tiere bei der Nahrungssuche behindern, ist der richtige Zeitpunkt gekommen. Während milder Perioden sollte die Fütterung unterbleiben.

DER OPTIMALE STANDORT
Zunächst sollte der Standort der Futterstelle unbedingt regen- und schneegeschützt sein, damit das Futter weder aufweicht, schimmelt noch bei starken Frösten vereist. Ideal wäre eine übersichtliche Stelle, die Sie von der warmen Wohnung aus gut beobachten können. Sie sollte aber auch einen schnellen Rückzug ermöglichen, falls sich Miezekatzen anschleichen. Achten Sie darauf, dass sich im Anflugweg für Vögel keine gefährlichen Glasscheiben befinden.

DIE BESTEN FUTTERHÄUSER
Das Futterhaus sollte so geplant sein, dass die Vögel nicht im Futter herumlaufen und es mit Kot verschmutzen können. Dann reicht es normalerweise aus, das Futterhaus einmal vor und nach der Wintersaison zu reinigen. Aus hygienischen Gründen ist es ratsam, dabei Handschuhe zu tragen. Im Handel sind Futterautomaten für Wildvogelfutter erhältlich, die nicht nur als praktische Futterhalter dienen, sondern gleichzeitig als hübsches Accessoire Balkon oder Terrasse verschönern; ob als moderne, stylische Snack-Station oder aufwendig im Landhaus-Stil mit filigranem Lattenzaun. Selbst gezimmert besitzen die kleinen Nobelresidenzen in bester Lage natürlich besonders viel Charme. Im Sommer könnte das Futterhaus dann als Vogelbad oder erfrischende Vogeltränke dienen.

PUTZIGE MITESSER Mit der Winterfütterung auf Balkon oder Terrasse werden in erster Linie Vögel angesprochen. Manchmal schaut vielleicht auch ein aus dem Winterschlaf aufgewachter Igel auf der Terrasse vorbei. Und noch eine weitere Tierart lässt sich anlocken und füttern, deren putziges Auftreten und Äußeres bei uns Menschen für Heiterkeit sorgt: das Eichhörnchen.
Obwohl die Eichhörnchen im Herbst viele Vorräte für den Winter verbuddeln, kommen sie bei hoher Schneedecke und sehr starkem Frost nicht an ihre Verstecke heran und können in Not geraten. Dann ist eine Zufütterung sehr wertvoll für die kleinen Wirbelwinde. Wenn Eichhörnchen Vertrauen schöpfen, lassen sie sich regelmäßig blicken und naschen bei ganz viel Zuneigung sogar aus der Hand. Als Nahrung bieten sich an: Hasel- und Walnüsse, Sonnenblumenkerne und Bucheckern. Selbst Maronen oder Apfelschnitze gelten als gehaltvolle Leckerbissen.

SERVICE
und Bezugsquellen

INFORMATIONSSTELLEN

Gartenakademie Baden-Württemberg e.V.
www.gartenakademie.info
Beratungstelefon: (09 00) 1 04 22 90 (50 ct/min)

Amtliche Pflanzenschutzberatung
www.pflanzenschutzdienst.de

NÜTZLINGE

Katz Biotech AG
An der Birkenpfuhlheide 10
15837 Baruth
Tel.: (03 37 04) 6 75-10
E-Mail: info@katzbiotech.de
www.katzbiotechservices.de

W. Neudorff GmbH KG
An der Mühle 3
31860 Emmerthal
Tel.: (01 80) 5 63 83 67
E-Mail: info@neudorff.de
www.neudorff.de

Wurmwelten
Jasper Rimpau
Domäne 1
37574 Einbeck
Tel.: (01 80 5) 45 91 45
E-Mail: wurmshop@wurmwelten.de
www.wurmwelten.de

Sautter & Stepper GmbH
Rosenstraße 19
72119 Ammerbuch
Tel.: (0 70 32) 95 78-30
F-Mail: info@nuetzlinge.de
www.nuetzlinge.de

BALKONPFLANZEN

Gärtnerei Blu-Blumen GbR
Stukendamm 80
33449 Langenberg
Tel.: (0 52 48) 60 90 26 (Verbraucher-Hotline)
E-Mail: info@blu-blumen.de
http://www.blu-blumen.de

Gärtner Pötschke
Beuthener Straße 4
41564 Kaarst
Tel.: (01 80) 5 86 11 00
E-Mail: info@poetschke.com
www.gaertner-poetschke.de

Kientzler GmbH & Co.KG
Binger Straße 31
55454 Gensingen
Tel.: (0 67 27) 93 01-0
E-Mail: info@kientzler.com
www.kientzler.de

Jungpflanzen Liebig
Kirchspiel 106
59077 Hamm/Pelkum
Tel.: (0 23 81) 3 04 91 70
E-Mail: info@liebig-vertrieb.de
www.jungpflanzen-liebig.de

Baldur-Garten GmbH
Elbinger Straße 12
64625 Bensheim
Tel.: (0 18 05) 10 35 55
E-Mail: info@baldur-garten.de
www.baldur-garten.de

Stegmeier Gartenbau
Inhaber Dieter Stegmeier
Unteres Dorf 7
73457 Essingen
Tel.: (0 73 65) 2 30
E-Mail: info@pelargonien-stegmeier.de
www.gaertnerei-stegmeier.de

KÜBELPFLANZEN

Gärtnerei Baum
Strohgäustraße 51
71229 Leonberg
Tel.: (0 71 52) 2 45 57
E-Mail: info@baum-leonberg.de
www.baum-leonberg.de

Flora Mediterranea
Königsgütler 5
84072 Au/Hallertau
Tel.: (0 87 52) 12 38

E-Mail: info@floramediterranea.de
www.floramediterranea.de

Flora Toskana
Schillerstraße 25
89278 Nersingen/OT Strass
Tel.: (0 73 08) 9 28 33 87
E-Mail: info@flora-toskana.de
www.flora-toskana.com

Häberli Fruchtpflanzen AG
9315 Neukirch-Egnach
Tel.: + 41 (0) 7 14 74 70 70
E-Mail: info@haeberli-beeren.ch
www.haeberli-beeren.ch

STAUDEN

Arends Maubach Stauden & Gartenkultur
Monschaustraße 76
42369 Wuppertal-Ronsdorf
Tel.: (02 02) 46 46 10
E-Mail: stauden@arends-maubach.de
www.arends-maubach.de

Staudengärtnerei Gräfin von Zeppelin
Weinstraße 2
79295 Sulzburg-Laufen
Tel.: (0 76 34) 6 97 16
E-Mail: info@graefin-von-zeppelin.de
www.graefin-v-zeppelin.com

Hof Berg-Garten
Stauden und Sämereien für naturnahe Gärten
Lindenweg 17
79737 Großherrischwand
Tel.: (0 77 64) 2 39
E-Mail: info@hof-berggarten.de
www.hof-berggarten.de

Staudengärtnerei Gaissmayer
Jungviehweide 3
89257 Illertissen
Tel.: (0 73 03) 72 58
E-Mail: info@staudengaissmayer.de
www.staudengaissmayer.de

KRÄUTER UND DUFTPFLANZEN

Kräuter- und Staudengärtnerei Mann
Schönbacherstraße 25
02708 Lawalde
Tel.: (0 35 85) 40 37 38
E-Mail: info@pflanzenreich.com
www.staudenmann.de

Rühlemann's Kräuter & Duftpflanzen
Auf dem Berg 2
27367 Horstedt
Tel.: (0 42 88) 92 85 58
E-Mail: info@ruehlemanns.de
www.ruehlemanns.de

Syringa Duftpflanzen und Kräuter
Bachstraße 7
78247 Hilzingen-Binningen
Tel.: (0 77 39) 14 52
E-Mail: info@syringa-pflanzen.de
www.syringa-pflanzen.de

Raritätengärtnerei Treml
Eckerstraße 32
93471 Arnbruck
Tel.: (0 99 45) 90 51 00
E-Mail: treml@pflanzentreml.de
www.pflanzentreml.de

SAATGUT

Dreschflegel
In der Aue 31
37202 Witzenhausen
Tel.: (0 55 42) 50 27 44
E-Mail: info@dreschflegel-saatgut.de
www.dreschflegel-saatgut.de

Bingenheimer Saatgut AG
Kronstraße 24–26
61209 Echzell-Bingenheim
Tel.: (0 60 35) 18 99-0
Fax: (0 60 35) 18 99-40
E-Mail: info@bingenheimersaatgut.de
www.bingenheimersaatgut.de

PFLANZGEFÄSSE, BEWÄSSERUNGS-SYSTEME

Emsa GmbH
Grevener Damm 215–225
48282 Emsdetten
Tel.: (0 25 72) 13-0
E-Mail: info@emsa.de
www.emsa.com

Albert Helmes Home & garden
Tenstedter Straße 45
49692 Cappeln
Tel.: (0 44 78) 60 98 3-0
E-Mail: mail@albert-helmes.de
www.albert-helmes.de

**Müller
Die Fränkische Toskana GmbH**
Feuerbacher Straße 3
97353 Wiesentheid
Tel.: (0 93 83) 79 92
E-Mail: shop@impruneta-versand.de
www.impruneta-versand.de

ACCESSOIRES UND GARTENMÖBEL

car-Selbstbaumöbel T. Küstermann e. K.
Gutenbergstraße 9 a
24558 Henstedt-Ulzburg
Tel.: (0 41 93) 7 55 50
E-Mail: office@car-moebel.de
www.car-moebel.de

Manufactum GmbH & Co. KG
Hiberniastraße 5
45731 Waltrop
Tel.: (0 23 09) 93 90 60
E-Mail: info@manufactum.de
www.manufactum.de

Country Garden ESH-Rhenania GmbH
Im Weidboden 12
57629 Norken
Tel.: (0 26 61) 9 40 52-43
E-Mail: info@country-garden.com
www.country-garden.com

Scheurich GmbH & Co.KG
Gottlieb-Wagner-Straße 2
63924 Kleinheubach/Main
Tel.: (0 93 71) 5 07-0
E-Mail: info@scheurich.de
www.scheurich.de

Weishäupl Möbelwerkstätten GmbH
Neumühlweg 9
83071 Stephanskirchen
Tel.: (0 80 36) 90 68-0
E-Mail: kontakt@weishaeupl.de
www.weishaeupl.de

Liebenauer Landleben GmbH
Siggenweilerstraße 10
88074 Meckenbeuren
Tel.: (0 75 42) 10-0
E-Mail: info@liebenauer-landleben.de
www.liebenauer-landleben.de

DENK Keramische Werkstätten e.K.
Neershofer Straße 123–125
96450 Coburg
Tel.: (0 95 63) 20 28
E-Mail: info@denk-keramik.de
www.denk-keramik.de

REGISTER

Hervorgehobene Seitenzahlen verweisen auf Abbildungen.

A

Abendländischer Lebensbaum 144, **144**
Accessoires 46
Acer palmatum 129, **129**
Agapanthus-Cultivars 59, **59,** 143
Agave 143
Ahorn, Fächer- 129, **129**
Akelei **36,** 37, 39, **39**
Alisma plantago-aquatica 107
Allium schoenoprasum 13
Aloe vera 69, **69,** 143
Aloysia citrodora 55
Alpenveilchen 127, **127**
Amelianchier laevis 129, **129**
Andenbeere 79, **79**
Antirrhinum majus 13, 68, **68**
Anzuchtgefäß **10,** 11
Aquilegia caerulea 39, **39**
Aromapflanzen 53
Artischocke 13, 75, **75**
Asarina barclaiana 103, **103**
Asiatisches Blattgemüse 43, **43**
Aster, Herbst- 126, **126**
Asteriscus maritimus 89
Aubergine 13, 75, **75**
Auberita-Cultivars 39, **39**
Aukube 143
Aussaat **10,** 11 f., **12**
Aussaat, Fensterbank **10,** 11
Aussaat-Kalender 13
Außenbeleuchtung 112 f., **113**

B

Balkonmöbel 46, 49, **49**
Balkonpflanzen, duftende 55

Bartnelke 55
Basilikum 13, 76, **76**
Bechermalve 13
Beeren 78 f., **78 f.**
Begonia-Cultivars 65, **65,** 68, **68,** 89, 125
Begonie, Eis- 68, **68**
Begonie, Freiland- 65, **65**
Begonie, Knollen- 89, 125
Bellis perennis 38, **38**
Bepflanzen, Balkonkästen 19
Bepflanzen, Südbalkon 66, 67
Bepflanzung, naturnah **60,** 61
Berg-Kiefer 144, **144**
Berlandiera lyrata 55
Besenheide 126, **126**
Beta vulgaris ssp. *cicla* 13, 75, **75**
Bewässerung, Computer **80,** 81
Bewässerung, Kugeln 81, 85, **85**
Bewässerung, Urlaub- 81
Bidens ferulifolia 89
Bienen 61
Bio-Jungpflanzen **70,** 71
Blattgemüse, asiatisches 43, **43**
Blattläuse **90,** 95, **95**
Blattschmuck, Gestaltung **36,** 37, **118,** 119
Blaukissen 39, **39**
Blaustern 40, **40,** 125
Bleiwurz 143
Blumenampeln **20,** 21 f., **22**
Blumenkasten 22, **22**
Blumen-Kasten-Grill **108,** 109
Blumenrohr, Indisches 58, **58,** 125
Blumenzwiebel- 40 f., **40 f.,** 125
Blüten, essbare **70,** 71
Blütenkombinationen, Schatten **62,** 63
Blütezeiten, Zwiebelblumen 125
Bodenbelag 48 f., **48 f.**
Bohnen 75, **75**
Bohnenkraut 13
Bougainvillae glabra 59, **59,** 143
Bougainvillee 59, **59,** 143
Brassica oleracea var. *gemmifera* 13
Brassica oleracea var. *gongylodes* 13

Brassica oleracea var. *italica* 13
Brassica rapa ssp. *chinensis* u. a. 43, **43**
Brokkoli 13
Brugmansia suaveolens 55, 59, **59,** 143
Brühen 91
Brunnenkresse 107
Buchsbaum 145, **145**
Buntnessel **62,** 64, **64**
Butomus umbellatus 107
Buxus sempervirens 145, **145**

C

Calibrachoa-Cultivars 89
Callistephus chinensis 13
Calocephalus brownii **128,** 129
Campsis × tagliabuana 103, **103**
Canna indica 58, **58,** 125
Capsicum annuum 13, 74, **74**
Capsicum frutescens 13
Carum carvi 13
Chamaecyparis obtusa 'Nana Gracilis' 144, **144**
Christrose 146 f., **146**
Chrysantheme, Herbst- 126, **126**
Citrus limon 59, **59,** 143
Clematis 103, **103**
Clematis-Cultivars 103, **103**
Cobaea scandens 13, 102, **102**
Colchicum autumnale 125
Computer, Bewässerung **80,** 81, 85, **85**
Convallaria majalis 40, **40**
Coreopsis verticillata 89
Cosmos atrosanguineus 55
Crocosmia masoniorum 125
Crocus speciosus 125
Crocus vernus 41, **41,** 125
Cucumis melo 13
Cucumis sativus 13, 75, **75**
Cucurbita pepo 13, 74, **74**
Cuphea llavea 89

Cynara cardunculus Scolymus-Gruppe 13

D

Dachrinne bepflanzen **28,** 29
Dahlia-Cultivars 59, **59,** 125
Dahlie 59, **59,** 125
Dattelpalme 143
Dianthus barbatus 55
Diascia barberae 89
Drainageschicht 19, 24, **24**
Duftende Balkonpflanzen 55
Duftgeranie 55
Duftsteinrich 55, 89
Duft-Wicke 55, 103, **103**
Düngen 26, **86,** 87 ff., 122

E

Echter Mehltau **90,** 91, 94, **94**
Edellieschen 89
Efeu 145, **145**
Eibe, Japanische 144, **144**
Eis-Begonie 68, **68**
Eisenkraut 57, **57**
Eisenmangel **88,** 88
Eisheilige 19
Elfenspiegel 13, 56, **56**
Elfensporn 56, **56**
Engelstrompete 55, 59, **59,** 143
Entspitzen 17
Enzianstrauch 143
Eranthis cilicica 125, 147, **147**
Erdbeerbaum 143
Erdbeere 78, **78**
Erdbeertopf 22, **22**
Erde, Orchideen- **60**
Erica carnea 147, **147**
Eriophorum vaginatum 107
Eruca sativa 42, **42**
Erysimum cheiri 38, **38**

Essbare Blüten **70,** 71
Euonymus alatus 129, **129**

F

Fächer-Ahorn 129, **129**
Fächerblume 89
Falscher Mehltau 94, **94**
Farbgestaltung **32,** 33
Farbkreis 34, **35**
Feldsalat 42, **42**
Felicia amelloides 89
Felsenbirne, Kahle 129, **129**
Fensterbank, Aussaat **10,** 11
Fleißiges Lieschen 65, **65,** 88, 120
Fragaria × ananassa 78, **78**
Freesia-Hybriden 125
Freesie 125
Freiland-Begonie 65, **65**
Fritillaria meleagris 41, **41,** 125
Froschbiss 107
Froschlöffel, Gewöhnlicher 107
Frühjahrsblüher, Pflege 19
Frühlingsblüher **20,** 21, **32,** 33, **36,** 36, **38,** 38, **40,** 40
Frühlingsblumen 38 ff., **38 ff.**
Frühlingsgemüse 42 f., **42 f.**
Frühlings–Knotenblume 146, **146**
Fuchsia-Cultivars 65, **65,** 89, 143
Fuchsie 65, **65,** 89, 143

G

Galanthus nivalis 125, 146, **146**
Gärten, vertikale 28 ff., **28 ff.**
Gartengeräte 14 f., **14 f.**
Gazania riegens 13, 89
Gefäße 22 f., **22 f.,** 36
Gelbtafel **90,** 91
Gemüse 13, 42 f., **42 f.,** 72, 74 f., **74 f.**
Geranie 56, **56, 66,** 68, **68**
Geranie, hängend 68, **68,** 89

Geranie, stehend 89
Gießen 26, **80,** 80 ff., 122
Gieß-Systeme 84 f., **84 f.**
Gladiole 125
Gladiolus-Hybriden 125
Glechoma hederacea 89
Glockenrebe 13, 102, **102**
Gloriosa superba 125
Goldlack 38, **38**
Goldmarie 57, **57**
Goldtaler 89
Granatapfel 143
Gräser **116,** 117, **120,** 121
Grauschimmel 94, **94**
Grill, Mini- **108,** 109
Gundermann 89
Gurke 13, 75, **75**

H

Harfenstrauch 55
Hauswurz 69, **69**
Hedera helix 145, **145**
Heidelbeere 79, **79**
Helichrysum bracteatum 13, 89
Heliotropium arborescens 55, 64, **64,** 89, 143
Helleborus niger 146, **146**
Herbe-Andersonii-Hybriden 128, **128**
Herbst-Zeitlose 125
Heuchera-Arten 128, **128**
Hibiskus 143
Himbeere 78, **78**
Hippuris vulgaris 107
Höhenstaffelung **36,** 37
Holzboden 48, **48**
Horn-Veilchen 38, **38**
Hortensie **62,** 64, **64,** 143
Husarenkopf 89
Hyacinthus orientalis 41, **41,** 125
Hyazinthe 37, 40 f., **41,** 125
Hydrangea macrophylla 64, **64,** 143

I

Iberis sempervirens 39, **39**
Ilex aquifolium 145, **145**
Immergrüne 39, **39,** 135, 140 ff., **144 f.**
Impatiens walleriana 12, 64, **64,** 88
Impatiens-Cultivars-Neuguinea 89
Insekten, nützliche 61
Ipomea tricolor 13, 103, **103**
Iris pseudacorus var. *pseuda-corus* 107

J

Jasmin 89
Jasminum nudiflorum 146, **146**
Johannisbeere 79, **79**
Jungpflanzen, Bio- **70**

K

Kaliummangel 88
Kaltauszug 91
Kamelie 143
Kapaster, Blaue 89
Kapkörbchen **52,** 53, 57, **57,** 89
Kapuzinerkresse 13, 76, **76**
Kassie 143
Kiefer, Berg- 144, **144**
Kirschlorbeer 145, **145**
Kletterpflanzen 54, 100 ff., **102 f.**
Kletterpflanzen, Sichtschutz **100,** 101
Klickboden **44,** 45
Kohlrabi 13
Korallenstrauch 143
Krankheiten, Pilz- 17, **90,** 91
Kräuter 13, 29 f., **34,** 53, 61, **70,** 71 f., **76** f., **76 f.**
Krebsschere 107
Krokus, Frühlings- 41, **41,** 125
Krokus, Herbst 125

Kübelpflanzen 25, 58 f., **58 f., 134,** 135
Kübelpflanzen, Überwinterung **24, 134,** 134 f., 142 f.
Kübelpflanzen, umtopfen 25
Kümmel 13

L

Lactuca sativa var. *crispa* 43, **43**
Lampenputzergras 129, **129,** 141
Langzeitdünger 87
Lantana-Camara-Hybriden 58, **58,** 89, 143
Lathyrus odoratus 55, 103, **103**
Lavandula angustifolia 13, 54
Lavatera trimestris 13
Lavendel 13, 55, 61, 77, **77**
Lebensbaum, Abendländi-scher 144, **144**
Leucojum vernum 125, 146, **146**
Levisticum officinale 13
Levkoje 13, 54
Licht 110, **111**
Liebstöckel 13
Lobelia erinus 65, **65,** 89
Lobelia × speciosa 89
Lobularia maritimum 55, 89
Lorbeerbaum 143
Löwenmaul, Kletterndes 103, **103**
Löwenmäulchen 13, 68, **68**
Lycopersicon esculentum 13, 74, **74**

M

Mädchenauge 89
Maiglöckchen 40, **40**
Majoran 13
Mandevilla 143
Mangelsymptome 88
Mangold 13, 75, **75**
Männertreu 61, 63, 65, **65 f.,** 89
Märzenbecher 125

REGISTER

Maßliebchen 38, **38**
Matthiola incana 13, 54
Mauerpfeffer 69, **69**
Mehrnährstoffdünger 88
Melissa officinalis 13
Melone 13
Mentha aquatica 107
Mentha, Arten und Sorten 55
Mickeymausblümchen 89
Mini-Gemüse 72
Mini-Grill **108,** 109
Mini-Obst **71,** 72, 78 f., **78 f.,** 130, **130,** 142
Mini-Petunie 89
Mini-Teich **104,** 105 ff.
Minze 55
Minze, Wasser- 107
Mirabilis jalapa 55
Mittagsgold 13, 89
Montbretie 125
Moorbeetpflanzen 25, 126 f., 147
Muscari botryoides 40, **40,** 125
Myosotis scorpioides 107

N

Nährstoffbedarf 86 ff.
Narcissus-Cultivars 41, **41,** 125
Narzisse **32,** 33, 36 f., **36,** 41, **41,** 125
Naschpflanzen **70,** 71 f., **74 f.,** 74 f.
Nasturtium microphyllum 107
Naturnahe Balkonbepflanzung **60,** 61
Natursteinboden 48, **48**
Nemesia fruticans 54, 89
Nemesia strumosa 13
Nerium oleander 58, **58,** 143
Nicotiana alata 65, **65**
Nicotiana × sanderae 55
Nützlinge 61, **92,** 92 f., 94 f., **134,** 135
Nymphaea tetragona 107

O

Obst, Säulen- 71 f., 137
Ocimum basilicum 13
Oleander 26, 58, **58,** 101, 143
Olive 143
Orange 143
Orchideenerde **60**
Oregano 13
Origanum majorana 13
Origanum vulgare 13
Osteospermum ecklonis 89

P

Palmilie 143
Paprika 13, 30, 71, 74, **74**
Passiflora carulea 102, **102,** 143
Passionsblume 102, **102,** 143
Pelargonium × fragrans 55
Pelargonium zonale 89
Pelargonium-Peltatum-Hybriden 68, **68,** 89
Pennisetum setaceum 'Fire-works' 129, **129**
Peperoni 13
Petersilie 13
Petroselinum crispum 13
Petunia × atkinsiana 89
Petunie 52, 53, 57, **57, 62,** 63, 67, 81
Petunie 89
Pflanzen, Aroma- 53
Pflanzen, Bienenfreundliche 61
Pflanzen, Extrakte 17, 91, 93
Pflanzen, Herbst **116,** 117 f., **118, 120,** 126 ff., **126**
Pflanzen, Moorbeet- 25, 126 f., 146
Pflanzen, Schatten 62, 62 ff., **64**
Pflanzen, Wassersparer **66,** 67 ff., **68 f.**
Pflanzenschutzmittel, natürliche 93
Pflanzsack 23, **23**
Pflege 26, 41, 54 f., 122

Pflück- und Schnittsalat 43, **43**
Physalis peruviana 79, **79**
Pikieren **16,** 17
Pilzbefall 26, 94 f., **94 f.**
Pilzkrankheiten 17, **90,** 91, 122
Pinus mugo 144, **144**
Pistia stratoites 107
Plectranthus fruticosus 89
Plectranthus scutellarioides 64, **64**
Plectrantus 'Variegata' 55
Portulaca grandiflora 68, **68**
Portulakröschen 68, **68**
Porzellanblümchen 69, **69**
Prachtlilie 125
Prachtlobelie 89
Primel, Kissen- 19, 33, 37, 39, **39**
Primula vulgaris 39, **39**
Prinzessinenblume 143
Prunkwinde 13, 103, **103**
Prunus laurocerasus 145, **145**
Purpur-Fetthenne 127, **127**
Purpurglöckchen 128, **128**

R

Radieschen 43, **43**
Rainfarnbrühe 91
Rankgitter 101
Ranunculus asiaticus 38, **38**
Ranunkel 18, **32,** 33 f., 38, **38**
Raphanus sativus var. *sativus* 43, **43**
Rattan, Balkonmöbel 49, **49**
Raubmilben **92,** 93, 95, **134,** 135
Rehling-Töpfe 23, **23**
Rhabarber 42, **42**
Rheum rhabarbarum 42, **42**
Ribes rubrum 79, **79**
Ribes uva-crispa 79, **79**
Rosa-Hybriden 55
Rosen 55
Rosenkohl 13
Rosenschnitt **136,** 137
Rosmarin 25 f., 29, 55, 77, **77,** 90, **91,** 143, **143**

Rosmarinus officinalis 55, 143
Rostpilze 94, **94**
Rubus idaeus 78, **78**
Rückschnitt 14, 26, **55,** 72, **75 f.,** 106, 122, 143
Rudbeckia hirta 13
Rukola 42, **42**

S

Saatgut 11
Salat **28,** 43, **43,** 75, **75**
Salvia officinalis 13, 54, 77, **77**
Salvinia natans 107
Sanvitalia procumbens 89
Satureja hortensis 13
Säulenobst 71 f., 137
Saxifraga umbrosa 69, **69**
Scaevola aemula 89
Schachbrettblume 41, **41,** 125
Schachtelhalmbrühe 91
Schädlinge 26, **90,** 91, 94 f., **94 f.,** 135
Schatten **62,** 62 ff., **64 f.**
Scheinbeere 127, **127**
Schleifenblume 39, **39**
Schmucklilie 59, **59,** 143
Schneeflockenblume 89
Schneeglöckchen 125, 146, **146**
Schneeheide 147, **147**
Schnitt, Pflege- 26, 137
Schnitt, Säulenobst 72, 137
Schnittlauch 13
Schokoladenblume 55
Schokoladenkosmee 55
Schönmalve 143
Schwanenblume 107
Schwarzäugige Susanne 61, 102, **102**
Schwertlilie, Sumpf- 107
Schwimmfarn, Gewöhnlicher 107
Scilla siberica 40, **40,** 125
Sedum acre 69, **69**
Seerose, Zwerg- 107

Sempervivum tectorum 69, **69**
Senecio cineraria 128, **128**
Senecio cineraria 89
Sichtschutz **96,** 96 ff., **99 f.,** 102 f., **102 f.**
Silberblatt 128, **128**
Silberfaden 129, **129**
Silberkraut 89
Skimmie 127, **127**
Solanum jasminoides 89
Solanum melongena 13, 75, **75**
Sommeraster 13
Sommerblumen 11, 13, 17, 53 f., 61, 117, 122, 137
Sonnenhut 13
Spindelstrauch 129, **129**
Spindelstrauch, Flügel- 129, **129**
Spinnmilben 93, 95, **95**
Stachelbeere 79, **79**
Staunässe 11, 19, 23, 25
Stechpalme 145, **145**
Sternrußtau **90,** 91, **137**
Stickstoff 86 ff., **86**
Stiefmütterchen 20, **21,** 32, 33, **116,** 117
Stratiodes aloides 107
Strauchveronika 128, **128**
Strohblume 13, 89
Studentenblume 13
Südbalkon **66,** 67
Sukkulenten 67
Sumpf-Schwertlilie 107
Sumpf-Vergissmeinnicht 107
Sutera cordata 89

T

Tagetes erecta 13
Tagetes patula 89
Tannenwedel 107
Taxus cuspidata 'Nana' 144, **144**
Terrakotta 23, **23**
Thripse 26, 93, 95, **95,** 135
Thuja occidentalis 'Tiny Tim' 144, **144**

Thunbergia alata 102, **102**
Thymian 13, 54, 77, **77**
Thymus vulgaris 13, 54
Tomate **70,** 72 f., 74, **74,** 122
Töpfe, Rehling- 23, **23**
Topfpflanzen, Überwinterung **134,** 135, 140 f., 143
Torfmyrte 127, **127**
Traubenhyazinthe 40, **40,** 125
Trompetenblume 103, **103**
Tropaeolum majus 13
Tropfblumat 85, **85**
Tulpe 41, **41,** 125
Tulpia-Hybriden 41, **41,** 125
Typha minima 107

U

Überwinterung, Kübelpflanzen **134,** 134 ff., 140 f.
Überwinterung, Zwiebelblumen **138,** 139
Umtopfen **24,** 25
Untersetzer 85, **85**
Urlaubsbewässerung **80,** 81

V

Vaccinium corymbosum 79, **79**
Valerianella locusta 42, **42**
Vanilleblume **52,** 53, 55, 60 ff., **60, 62, 64,** 89, 143
Verbena-Hybriden 55, 89
Vereinzeln 17
Vergissmeinnicht, Sumpf- 107
Vertikale Gärten 28 ff., **28 ff.**
Viola cornuta 38, **38**
Vögel, Winterfütterung 148 ff., **148, 151**
Vogelplätzchen 148, 149

W

Wandelröschen 58, **58,** 89, 143
Wasersparer Pflanzen 68 ff., **68 ff.**
Wasserspeichermatten 84, **84**
Wassergarten **104,** 105
Wasserhyazinthe 107
Wasser-Minze 107
Wassersalat 107
Wasserspeicherkästen **18,** 19, 81, 84, **84**
Weiße Fliege **90,** 91, 93, 95, **95**
Winter 135 ff.
Winter-Arrangements **140,** 141
Winter-Fütterung 148 ff., **148, 151**
Winter-Jasmin 146, **146**
Winterling 125, 147, **147**
Winter-Quartier **134,** 135
Winter-Schnitt **136,** 137
Wollgras, Scheidiges 107
Wollmispel 143
Wunderblume 55

Z

Zauberglöckchen 57, **57**
Zierbanane 143
Ziertabak 55, 65, **65**
Zinnia elegans 13
Zinnie 13
Zitrone 25, 59, **59, 134,** 143
Zitronenmelisse 13
Zitronenverbene 55
Zucchini 13, 19, 72, 74, **74**
Zweizahn 89
Zwerg-Muschelzypresse 144, **144**
Zwergpalme 143
Zwerg-Rohrkolben 107
Zwerg-Seerose 107
Zwiebelblumen **36,** 37, 40 f., **40 f.,** 125, **138,** 139
Zwiebelblumen überwintern **138,** 139
Zylinderputzer 143

DER AUTOR STELLT SICH VOR …
… und sagt „Danke"

„Und alles blüht auf", so steht es auf meiner Kaffeetasse, aus der gerade ein herrlich aromatischer Duft entströmt, als ich überlege, wie ich selber zu einem begeisterten Balkongärtner geworden bin. Auf dem Land aufgewachsen, habe ich es schon als Kind geliebt, bei der Kartoffelernte mit bloßen Händen in der warmen Erde zu wühlen – ohne Handschuhe natürlich. Und mit dem Opa die Bäume zu schneiden, zu beobachten, wie sie auf die Schnittmaßnahmen reagieren. Selbst die Sommerblumen für den Sonntagsstrauß habe ich bereits als kleiner Bub mit der Oma ausgewählt, immer in der Hoffnung, dass sie die vom Fußball getroffenen Blütenstiele noch verwerten kann. Mittlerweile habe ich Gärtner gelernt, danach Gartenbau studiert und somit ein Hobby zum Beruf gemacht, was mir bereits in meiner Kindheit Vergnügen bereitet hat. Unschätzbar wertvoll, wenn man das von seiner Berufswahl behaupten darf. Die Begeisterung für alles was grünt und blüht, spielt auch in meinem Privatleben eine wichtige Rolle. Denn Balkongärtnern bedeutet für mich: Erdung, Entschleunigung und ein Gegenpol zur rastlosen, digitalen Welt. Dieses Gefühl wünsche ich Ihnen auch beim Umgang mit Ihren Pflanzen.

An dieser Stelle ist auch für mich die beste Gelegenheit, Danke zu sagen, in erster Linie an meine liebe Ehefrau Tamara, die mir immer und ganz besonders bei unseren Hochzeitsvorbereitungen den Rücken freigehalten hat, während ich wieder mal am Buch schrieb. Herzlich danken möchte ich ihr und meiner Familie auch dafür, dass sie mir immer Mut zusprachen, wenn zumindest gefühlt vor lauter Zeitdruck die Luft hin und wieder etwas enger wurde. Besten Dank auch an Nils Reinhard, dem Fotografen dieses Buches, für die vielen wunderschönen Fotos und die unzählig vielen lustigen gemeinsamen Augenblicke. Birgit Grimm, meiner Lektorin im Verlag, möchte ich für die tolle Betreuung danken und natürlich dafür, dass ich meine Leidenschaften als Gärtner und Schreiberling in diesem Buch vereinen durfte. Last but not least einen herzlichen Dank an meine lieben Kolleginnen und Kollegen an der LVG Heidelberg, mit deren Hilfe ich mein gärtnerisches Wissen seit mittlerweile über zehn Jahren in praxisnaher Versuchsarbeit stetig erweitern darf.

GESTALTEN. PFLANZEN. ERNTEN

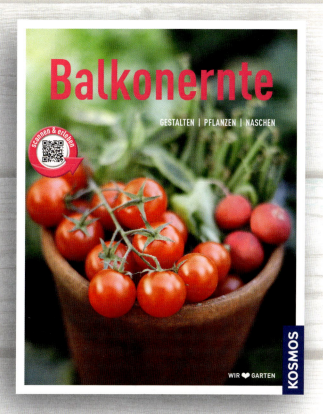

Angelika Throll
Was blüht auf Balkon & Terrasse?
304 Seiten, 470 Abb., €/D 14,99

Für jeden Standort auf Balkon und Terrasse die richtige Pflanze: Von Blüten- bis Blattschönheiten, von Trocken- bis Schattenkünstler, von Frühjahr bis Winter. Dieses Buch ist die ideale Einkaufshilfe, um Ihren Balkon oder Ihre Terrasse wunderschön in Szene zu setzen!

Melanie Grabner
Balkonernte
80 Seiten, 127 Abb., €/D 7,99

Tomaten, Erdbeeren und Kräuter und viele weitere Pflanzen anbauen, pflegen und ernten – mit vielen Tipps zu geeigneten Sorten und Pflanzvorschlägen wird Ihr Balkon zum Naschparadies.
Das Plus zum Buch: Weitere Infos rund um Ihre Balkonpflanzen sind online einfach und schnell über QR-Codes im Buch abrufbar.

kosmos.de

BILDNACHWEIS

293 Farbfotos wurden von Nils Reinhard, Heiligkreuzsteinach/Eiterbach für dieses Buch aufgenommen.

Weitere 9 Farbfotos von: Floradania: S. 68 3. und 4. von oben; Flora Press/MAP, Hamburg: S. 129 2. von oben; Gartenschatz GmbH, Stuttgart: S. 56 u, S. 69 2. von oben, S. 145 u, S. 146 u; Robert Koch, Edingen: S. 94; Shutterstock/kzww: S. 15 (Hintergrund)

IMPRESSUM

Umschlaggestaltung von Editorial Design, München unter Verwendung von zwei Farbfotos von Nils Reinhard, Heiligkreuzsteinach/Eiterbach

Mit 302 Farbfotos.

> Alle Angaben in diesem Buch sind sorgfältig geprüft und geben den neuesten Wissensstand bei der Veröffentlichung wieder. Da sich das Wissen aber laufend in rascher Folge weiterentwickelt und vergrößert, muss jeder Anwender prüfen, ob die Angaben nicht durch neuere Erkenntnisse überholt sind. Dazu muss er zum Beispiel Beipackzettel zu Dünge-, Pflanzenschutz- bzw. Pflanzenpflegemitteln lesen und genau befolgen sowie Gebrauchsanweisungen und Gesetze beachten.
> Die Blütenfarben sind sortenabhängig, daher können auch Farben auf dem Markt sein, die im Buch nicht genannt werden. Die Blüte- und Erntezeiten sind ebenfalls sortenabhängig, aber auch klima- und standortabhängig. Die angegebenen Wuchshöhen und -breiten der Pflanzen sind Mittelwerte. Sie können je nach Nährstoffgehalt des Bodens variieren. Verschiedene Sorten können deutlich größer oder auch kleiner wachsen als die Art.

Unser gesamtes lieferbares Programm und viele weitere Informationen zu unseren Büchern, Spielen, Experimentierkästen, DVDs, Autoren und Aktivitäten finden Sie unter **kosmos.de**

Gedruckt auf chlorfrei gebleichtem Papier

© 2015, Franckh-Kosmos Verlags-GmbH & Co. KG, Stuttgart.
Alle Rechte vorbehalten
ISBN 978-3-440-10843-7
Projektleitung: Birgit Grimm
Redaktion und Bildredaktion: Birgit Grimm
Gestaltungskonzept: Editorial Design, München
Gestaltung und Satz: Walter Typografie & Grafik GmbH, Würzburg
Produktion: Jürgen Bischoff
Printed in Italy / Imprimé en Italie